DEDICATORIA ‖ DEDICATION

A mi bisabuelo Samuel Ramos Salas, cuya sangre ibérica todavía fluye por mis venas ‖ To my great grandfather Samuel Salas Ramos whose Iberian blood flows in my veins

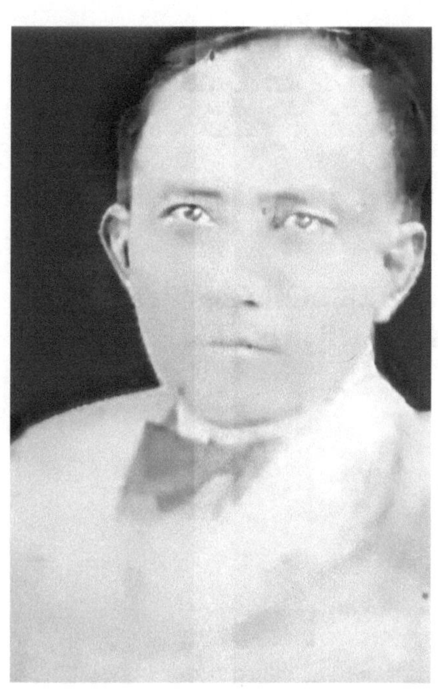

OTROS LIBROS ESCRITOS POR GILBERT LUIS R. CENTINA III

Madre España y poemas de amor ilustrados
Búsqueda espiritual en verso
Recovecos
Diptych/Díptico
Getxo y otros poemas
Tríptico y poemas recogidos
Rúbricas y runas
Algún día
Vaso de verdades líquidas
Nuestra galaxia oculta

OTHER BOOKS WRITTEN BY GILBERT LUIS R. CENTINA III

Madre España and Illustrated Love Poems
Spiritual Quest in Verse
Crevices
Diptych/Díptico
Getxo and Other Poems
Triptych and Collected Poems
Rubrics and Runes
Somewhere
Glass of Liquid Truths
Our Hidden Galaxette

ELOGIO PARA *Plus Ultra*

El libro parece muy interesante, con poemas dedicados a diferentes personas, como esas loas antiguas barrocas. La portada sin duda es preciosa, y los detalles tipográficos. Gilbert Luis R. Centina III sigue trabajando en una línea muy valiosa de producción literaria, siendo como es uno de los más antiguos escritores filipinos en castellano que sigue con vida, y cuya producción se remonta a hace más de medio siglo. Leer sus memorias, recuerdos y vivencias sin duda sería una verdadera delicia, una joya para conocer las experiencias de un filipino a lo largo de su país y el mundo. — Isaac Donoso, autor y profesor, Universidad de Alicante, España

❖

Me agrada cuando en tu poesía cantas con agudeza, ternura y delicadeza. — Rafael Lazcano, autor de varios libros, incluso *Tesauro agustiniano*

❖

En su última obra, Gilbert Luis R. Centina III ha escrito un prólogo histórico en defensa del español como lengua cultural. España y sus instituciones están en deuda con el P. Gilbert. Toda la obra es un cántico a la cultura, una colección de poemas personales con historia y trascendencia. En resumen: Una excelente publicación que quiere ser un espacio de reencuentro entre Filipinas y España. — José María Alonso Alonso de Linaje, autor de *La soledad como oportunidad*, ganador del Premio Ramiro de Maeztu (2018)

PRAISE FOR *Plus Ultra*

The book is fascinating, with poems dedicated to different people, such as those ancient baroque praises. The cover, as well as the typographic details, is undoubtedly beautiful. Gilbert Luis R. Centina III continues working in a precious line of literary production, as he is one of the longest-running Filipino writers in Castellano still alive and whose work dates back more than half a century. Reading his memories, remembrances, and experiences absolutely would be a delight, a jewel to know the adventures of a Filipino throughout his country and the world. — Isaac Donoso, author and professor, University of Alicante, Spain

❖

I like it when you sing in your poetry with sharpness, tenderness, and delicacy. — Rafael Lazcano, author of numerous books, including the multivolume *Tesauro agustiniano*

❖

In his latest work, Gilbert Luis R. Centina III has written a historical preface defending Spanish as a cultural language. Spain and its institutions are indebted to Fr. Gilbert. The entire work is a canticle to culture, a collection of personal poems with history and transcendence. In short, a work that wants to be a meeting space for Spain and the Philippines to rediscover each other. — José María Alonso Alonso de Linaje, author of *Solitude as Opportunity*, winner of the Ramiro de Maeztu Prize (2018)

Photo of Samuel Salas Ramos, courtesy of Penny Ramos Rodríguez, from the family archives of Carmen Ramos Rodríguez Dreyfus of La Carlota City, the Philippines; author's photo on the back cover is that of a clay sculpture by Spanish Basque multimedia artist Vicente Jáuregui Presa

Ilustración de portada/Cover illustration © 2019 por/by **Marja Katrina Celo Centina**
Consultora artística/Art consultant: **Janet Frances White**
Diseño interior del libro/Book interior design: **Pierce Centina**

Publicado por/Published by CentiRamo Publishing, New York, NY
www.centiramopublishing.com ▮ info@centiramopublishing.com
Designed in the United States of America
First Edition

Publisher's Cataloging-in-Publication data
Centina III, Gilbert Luis R.
Plus ultra y otros poemas/Plus Ultra and Other Poems/ Gilbert Luis R. Centina III
p. cm.
ISBN-13: 978-1732781566
ISBN-10: 1732781567
1. Poetry —Literature. 2. Spanish/English bilingual poetry collection — 3 . Filipino American literature in English — Filipino literature in Spanish. I. Plus ultra y otros poemas/Plus Ultra and Other Poems.
HF0000.A0 A00 2010
299.000 00–dc22 2010999999

LARGE-PRINT EDITION

20 19 18 17 16 15 14 13 12 11 / 10 9 8
U.S. Library of Congress Catalog Number: 9781732781566
Library of Congress record for this book may be accessed at https://lccn.loc.gov/2019955967

Plus ultra y otros poemas

Plus Ultra and Other Poems

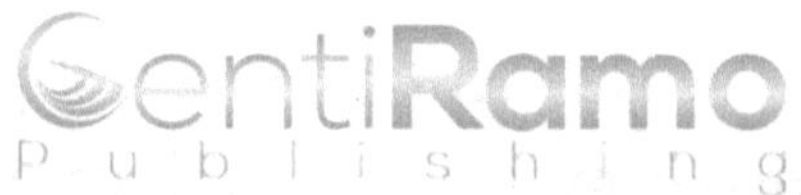

PREFACIO

es casualidad que haya escrito este libro de poesía bilingüe poco más de un año antes del V Centenario de la llegada de los españoles a Filipinas, el 16 de marzo de 1521. Encabezada por Fernando de Magallanes—a quien considero el primer catequista de Filipinas—la expedición española fue un hito histórico, que cambió la trayectoria del mundo occidental y lo abrió al archipiélago asiático.

Este poemario forma parte de mi camino personal hacia mis raíces españolas.

Antes de la llegada de los españoles, no existia Filipinas como una nación de la que poder hablar. El archipiélago estaba formado por tribus dispares, que no se consideraban filipinos. Hacían intercambios unos con otros, pero a menudo se peleaban por la supremacía. De hecho, fue la rivalidad entre Humabón, el reyezuelo de Cebú, y Lapulapu, el lider de Mactán, lo que llevó a la muerte de Magallanes.

Yo debo mi vocación como fraile agustino, poeta y autor arraigado en los clásicos occidentales al descubrimiento de Filipinas por Magallanes. A través de él, las Islas Filipinas se adentraron en el ámbito de la civilización occidental, se convirtieron en la única nación cristiana mayoritaria en Asia y, por extensión, eso me llevó a descubrir la orden agustiniana que la expedición de Legazpi en 1565 había traído al país.

La expedición de Legazpi trajo a Filipinas al famoso navegador agustino, Fray Andrés de Urdaneta, así como a

PREFACE

 is no coincidence that I wrote this bilingual poetry collection a little over a year before the fifth centenary of the first arrival of the Spaniards in the Philippines on March 16, 1521. Headed by Ferdinand Magellan, whom I consider the first catechist of the Philippines, the Spanish expedition was a watershed event that changed world history and opened the Western world to the Asian archipelago.

This poetry book forms part of my personal journey to return to my Spanish roots.

Before the arrival of the Spaniards, no Philippines existed to speak of as a nation. The archipelago was ruled by disparate tribes who did not think of themselves as Filipinos. They interacted with one another, but at times they battled for supremacy. In fact, the rivalry between Humabón, the kinglet of Cebu, and Lapulapu, the leader of Mactan, led to Magellan's death.

I owe my vocation as an Augustinian friar, poet, and author rooted in Western classical traditions to Magellan's discovery of the Philippines for the West. Through him, the Philippines entered the ambit of Western civilization and converted itself into the only Christian-majority nation in Asia and, by extension, took me to discover the Order of St. Augustine, which the Legazpi expedition of 1565 had brought into the land of my birth.

With Legazpi came the famous Augustinian navigator, Fray Andrés de Urdaneta, and his four friar companions: Andrés de Aguirre, Martín de Rada, Diego de Herrera,

sus cuatro compañeros frailes: Andrés de Aguirre, Martín de Rada, Diego de Herrera y Pedro de Gamboa. Lo anterior debía enfatizarlo ya que estos eventos son clave en mi propio viaje personal como fraile y escritor. Fue bajo la dirección de los frailes agustinos españoles en el convento agustiniano de Intramuros donde comencé no solo mi sacerdocio en la Iglesia católica romana, sino también mi sacerdocio en la literatura.

Sin el estudio de las obras de San Agustín y otros Padres de la Iglesia, mi carrera como escritor habría sido un ejercicio de poca profundidad en esencia como solemos ver en las redes sociales. El legado de España ha cambiado mi vida profundamente, a partir de mis antepasados, que fueron educados en las formas occidentales que me entregaron a mí y a mis hermanos. El idioma español me ha llevado en peregrinación al mundo hispano donde he vivido muchas experiencias únicas que me han enriquecido como escritor. Me ha conducido desde el convento de Intramuros—que por cierto fue la sede del gobierno colonial español durante más de tres siglos—hasta los matorrales del Perú, a la selva de asfalto del Barrio en Nueva York y a varios rincones de España, particularmente en el País Vasco, origen del Padre Urdaneta, El Adelantado Miguel López de Legazpi y otros conquistadores.

Mi gratitud a España como la Madre Patria de Filipinas me guió a escribir este poemario bilingüe. Rinde homenaje a España y al pueblo español como una idea extensible que va más allá del lema español de Plus Ultra:

and Pedro de Gamboa. It must be emphasized that the foregoing historical events have, in many ways, predetermined my own personal voyage as a friar and writer. It was under the tutelage of the Augustinian friars at the Augustinian convent in Intramuros—incidentally, the seat of the Spanish colonial government for over three centuries—where I began not only my Roman Catholic priesthood but also my priesthood of literature.

Without my exposure to the works of St. Augustine and other Church Fathers, my writing career would have been nothing but an exercise in sound bites that nowadays litter the social media ecosystem. The Spanish legacy my forebears and my Augustinian mentors handed down to me has significantly impacted my personal development. It has taken me on a peregrination to the Hispanic world, where I have gained unique experiences, enriching my writing career. From the Augustinian convent in Intramuros, it has transported me to the rain forests of Peru, to the asphalt jungle of Spanish Harlem in New York, and to various corners of Spain, particularly in the Basque Country. This region gave birth to Fray Urdaneta, *El Adelantado* Miguel López de Legazpi, and other conquistadors.

My gratitude to Spain as the Mother Country of the Philippines has motivated me to write this bilingual poetry collection. It honors Spain and the Spanish people as an encompassing idea that goes beyond the Spanish motto of *Plus Ultra*:

MADRE ESPAÑA

Madre España, tierra de encantos quijotescos,
madre de muchas naciones, cuna de
conquistadores y santos innumerables,
defensora inflexible de la fe verdadera,
depositaria de la cultura,
custodia de los clásicos.
Madre España, guardiana de las leyes justas,
infundes los derechos humanos,
abriste la edad moderna.
Tierra amada del Cid Campeador,
de los Reyes Católicos, de Carlos I,
de Felipe II, de don Juan de Austria.
Viva España, el sol nunca se pone,
donde se levanta tu bandera de rojo y gualda.

—*Gilbert Luis R. Centina III*

Soy un firme defensor de la preservación del idioma español en Filipinas como una parte integral del plan de estudios en todos los niveles escolares. A lo largo de los años, el español ha sido víctima de un falso sentido del nacionalismo por parte de algunos elementos equivocados en el sistema educativo de Filipinas. Su miopía ha llevado a la abolición de la enseñanza del español en las escuelas por la Constitución filipina de 1987.

La importancia del español como la segunda lengua más hablada en el mundo no se puede ignorar, especialmente en esta época de globalización.

MOTHER SPAIN

Madre España, land of quixotic charms,
Mother of many nations, cradle of
Conquistadors and innumerable saints,
Unyielding defender of true faith,
Repository of culture,
Custodian of the classics.
Madre España, keeper of just laws,
You keep human rights aflame,
You opened the modern age.
Beloved land of El Cid Campeador,
Los Reyes Católicos, Carlos I,
Felipe II, Don Juan de Austria.
Viva España, the sun never sets
Where your flag rises red and gold.

—Gilbert Luis R. Centina III

I am a firm defender of the cause to preserve the Spanish language in the Philippines and to make it part of the entire Philippine educational system. Throughout the years, the Spanish language has fallen victim to the false sense of nationalism on the part of some misguided elements in the Philippine bureaucracy, and their myopia led to the abolition of the teaching of Spanish in schools by the 1987 Philippine Constitution.

The importance of Spanish as the world's second most widely spoken language cannot be ignored, especially in this day and age of globalization.

El conocimiento del idioma es una herramienta vital para proporcionar empleo a la fuerza laboral de jóvenes filipinos. Hoy en día España es un imán para los trabajadores en la diáspora filipina. Llegará el momento en que el conocimiento de este idioma será útil cuando las naciones en desarrollo en América Latina también necesiten la experiencia de los profesionales filipinos, como ya puede ver un número creciente de filipinos en el extranjero, trabajadores contratados por empresas multinacionales y desplegadas en México, donde tienen oficinas e instalaciones de fabricación. No tiene ningún sentido que Filipinas abandone el español por el falso nacionalismo.

Pero, lo que es más importante, la lengua española forma parte del alma filipina porque es un depósito de grandes textos filipinos que llevaron a la independencia filipina. Estos escritos son importantes para entender y definir la identidad filipina. No saber hablar la lengua española roba a la nación filipina su propia alma, que es tanto hispana como asiática, y muchos tesoros culturales e intelectuales permanecerán ocultos a la vista si la tendencia no se invierte.

Si bien el Departamento de Educación—gracias a la ex presidenta Gloria Macapagal Arroyo—ha tomado medidas para reintroducir el español en las aulas Filipinas, aún queda mucho por hacer. Sin ninguna duda, los años de su destierro por parte de los filisteos dentro y fuera del gobierno han exigido su precio. Ahora corresponde a los educadores, guerreros culturales y cualquier persona que

Knowledge of the Spanish language is vital in providing employment to the young Filipino workforce, and Spain today is a magnet for Filipino overseas workers. There will come a time when knowledge of Spanish will come in handy when developing nations in Latin America also need the expertise of Filipino professionals, as can already be seen by a growing number of Filipino overseas workers hired by multinational corporations and deployed to Mexico, where they have offices and manufacturing facilities. It makes no sense for the Philippines to give up Spanish for false nationalism.

But more importantly, the Spanish language forms part of the Filipino soul because it is a repository of great Filipino writings that led to Philippine independence. These writings are essential in understanding and defining Filipino identity. Not knowing the Spanish language robs the Filipino nation of its very soul, which is both Hispanic and Asiatic, and much cultural and intellectual treasure would remain hidden from view if the trend was not reversed.

While the Department of Education—thanks to former President Gloria Macapagal Arroyo—has taken steps to reintroduce Spanish in Philippine schools, much heavy lifting remains. Without a doubt, years of its banishment by philistines in and out of government have taken their toll. It is incumbent upon educators, cultural warriors, and anyone who cares about the future of the

se preocupe por el futuro de la nación filipina animar a la generación más joven a continuar la lucha solitaria liderada por gigantes literarios filipinos en español tales como Guillermo Gómez Rivera.

La lucha para preservar el español y mantenerlo vivo entre los jóvenes seguirá siendo difícil mientras algunos historiadores filipinos sigan demonizando a España en los libros de texto por sus defectos como gobernante colonial. Para ellos, el nacionalismo significa odio por los demás, incluidas la aversión a todo lo relacionado con España. Lamentablemente, el idioma español se convierte en una víctima colateral de sus esfuerzos contraproducentes que no logran nada más que limitar el horizonte de la nación filipina.

Gilbert Luis R. Centina III
8 de diciembre de 2019
Nuestra Madre del Buen Consejo
León (España)

Philippine nation to encourage the younger generation to carry on the lonely fight led by such Filipino literary giants in Spanish as Guillermo Gómez Rivera.

The struggle to preserve Spanish and to keep it alive among the youth will remain difficult as long as some Filipino historians continue to demonize Spain in textbooks for its shortcomings as a colonial ruler. To them, nationalism means hatred for others, including aversion to anything associated with Spain. Sadly, the Spanish language becomes collateral damage in their counterproductive efforts, which achieve nothing but limit the horizon of the Filipino nation.

Gilbert Luis R. Centina III
December 8, 2019
Our Mother of Good Counsel
León, Spain

CONTENIDO | CONTENT

CONTENIDO | CONTENT

CONTENIDO | CONTENT

NUESTRA MADRE DEL BUEN CONSEJO

Madre del Buen Consejo,
Seno de la Sabiduría,
Madre de Jesús.
Nuestra Madre del Buen Consejo,
primicia de los cristianos,
tú eres nuestra Madre,
nuestro refugio y nuestro socorro,
nuestra inspiración.
Cuando vacilamos en la fe,
si nos alejamos demasiado
de las huellas de Jesús,
devuélvenos a Dios,
ayúdanos a glorificar al Señor
para que hagamos de la vida como tú,
un Magníficat.
Madre del Buen Consejo,
Nuestra Madre del Buen Consejo,
sé nuestra guía hasta siempre.

OUR MOTHER OF GOOD COUNSEL

Madre del Buen Consejo,
You are the Seat of Wisdom,
The mother of Jesus.
Our Mother of Good Counsel,
You are the first of Christians,
You are our Mother,
Our refuge and our succor.
When we waver in our faith,
Our inspiration.
When we stray too far away
From the footprints of Jesus,
Bring us back to God,
Help us glorify the Lord
And make this life as you did
A Magnificat.
Madre del Buen Consejo,
Our Mother of Good Counsel,
Be our constant guide.

PLUS ULTRA

¿Te acuerdas cuando voló por primera vez
tu cometa de crepé y bambú?
Nadie te vitoreó.
Quisiste jugar con esos seres,
las visitas de tus sueños,
cabalgando las gruesas nubes.
Tras ese lanzamiento sin incidentes,
la cometa se volvió una nave espacial
a la que te subiste alegremente.
Al fin, cumplías tu deseo
de acoger las formas invisibles
que pasean en tus sueños
tan reales, tan convincentes.
Te instaron a ir más allá
del destino, del dominio terrenal,
e impulsar la cometa de tu infancia
hacia el sol vivificante,
fuente de luz y de vida.

PLUS ULTRA

Remember when you first flew
Your kite of crepe and bamboo?
Nobody cheered you.
You wished to play with beings,
The visitors of your dreams,
Riding the thick clouds.
From that uneventful launch,
The kite became a spaceship
You gleefully rode.
You finally got your wish
To meet invisible forms
You saw in your dreams.
So real and so compelling,
They urged you to go beyond
The earthly domain
And propel your boyhood kite
Toward the vivifying sun,
Source of light and life.

EXPATRIADO

Cuando dejaste la casa de tu padre,
no cogiste ninguna caja de pinturas
para colorear tu miedo,
lo ahogaste en un río de lágrimas
que brotó de tu silencio estoico.
A nadie le importaba saber,
por qué ponías cara de valiente.
Sólo, en un mundo imperfecto,
hiciste lo que tenías que hacer.
Después de tantas angustias
y de innumerables decepciones,
lo lograste a duras penas, y solo
por la Providencia.
Entonces, sin tu caja de pinturas,
escribiste poesías.

EXPATRIATE

When you left your father's house,
You brought no box of crayons
To color your fear
Drowned in the river of tears
Borne in stoical silence.
Not one cared to know,
For you put on a brave face.
Alone in a faulty world,
You did what you should.
After so many heartbreaks
And countless disappointments,
You barely made it—
Just by the skin of your teeth.
So with no box of crayons,
You wrote poetry.

DIÁSPORA

Sin invitación, como una mofeta
en la fiesta de barbacoa,
los tiempos difíciles tomaron asiento.
La esparraguera de la abuela,
aterrorizada por su presencia,
se marchitó de consternación.
El helecho, tocado por la brisa extravagante,
bailando con la música
se despedía de los buenos tiempos.
Las hileras de berenjenas del abuelo,
ya listas para la cosecha,
sufrieron una insolación.
Varios girasoles
se negaron a seguir al sol
y adoraron a la luna.
La hierba venenosa y la mandrágora
invadieron nuestras paredes rotas
y estrangularon nuestros sueños.
Vociferando codicia y avaricia,
los tiempos difíciles decidieron mantener
archivados a todos los demás.

DIASPORA

Uninvited, like a skunk
At a barbecue party,
Hard times took a seat.
Grandmother's asparagus,
Terrified by their presence,
Wilted in dismay.
Ferns dancing to the music,
Played by the flamboyant breeze,
Bade good times goodbye.
Grandfather's rows of eggplants,
Ready for the good harvest,
Suffered a sunstroke.
A number of sunflowers
Refused to follow the sun
And turned to the moon,
Poison ivy and mandrake
Invaded our broken walls
And strangled our dreams.
Leering with vengeance and greed,
Hard times decided to stay
In everyone else.

TIENES QUE ENAMORARTE

Tienes que enamorarte para saber
cómo el amor hace al mundo
un lugar mejor y más brillante
para los enamorados.
Todo lo que susurras parece tan recto,
y alzas la mano para prometer
tus objetivos más nobles.
El silencio revela lo que las palabras
no pueden decir libremente.
En lugar de humo ves sólo nubes,
nubes impulsadas por el glorioso sol.
Tienes que enamorarte para saber
cómo el amor puede traer
una alegría inconmensurable.
La alegría que ahora sientes es un anticipo del cielo,
donde los querubines cantan el cántico único del amor.

YOU HAVE TO FALL IN LOVE

You have to fall in love to know
How love makes the world a better
And brighter place for those in love.
Everything you whisper seems so right,
You hold hands to pledge your nobler aims.
Silence reveals what words can't freely say.
Where there is smoke, you see only clouds
So clear, powered by the glorious sun.
You have to fall in love to know
How love can bring immeasurable joy.
The joy you feel is a foretaste of heaven,
Where cherubs sing the canticle of love.

MUSEO DE LA FAUNA SALVAJE

Cerca de Picos de Europa
desde donde puedes ver un lago,
encontrarás este tesoro.
Valdehuesa y Boñar,
de la gran Corona de León,
comparten esta joya rara.
Oriente es Oriente y Occidente es Occidente,
pero en este museo
siempre pueden encontrarse.
El ciervo europeo de Berrea
y el elefante chino
tan reales—como el resto.
Las tierras altas de Canadá
y la sabana de África
transportadas aquí.
La jungla sudamericana
y la selva tropical asiática
hacen su presencia.
Cocodrilo, rinoceronte,
tigre, hipopótamo
presentes en los huesos.
Tejòn, lobo, jabalí, búfalo,
zorro, pitón, buitre, loro

WILDLIFE MUSEUM

Near Picos de Europa
From where you can spot a lake,
You'll find this treasure.
Valdehuesa and Boñar,
Of the great Crown of León,
Share this rare jewel.
East is East and West is West,
But both of them always meet
In this museum.
The Berrea deer of Europe
And the Chinese elephant
Are real—like the rest.
The highlands of Canada
And the savanna of Africa
Are transported here.
The South American jungle
And the Asian rainforest
Make their presence felt.
Crocodile, rhinoceros,
Tiger, hippopotamus
Leave their mark in bones,
Badger, wolf, boar, buffalo,
Fox, python, vulture, parrot

en mezcla alegre.
Vale la pena fijarte
en el camaleón, en la salamandra
y en las dos criaturas todavía sin nombre.
El busto de la cebra que adorna
la cafetería del museo
es igual una mascota.

Are a merry mix.
Chameleon, salamander,
And two still nameless creatures
Are worth your focus.
The zebra bust that adorns
The museum's coffee shop
Must be the mascot.

LEONIDES FRESNO NICÓLAS

En prosa y en poesía,
eres testigo de una vida
dedicada a Dios.

En el jardín desolado de la tierra,
tienes hambre de su presencia,
e invocas su nombre.

La claridad de tu prosa
es parte de la ascendencia de Dios
en sus fieles.

Los volúmenes de tus poesías
cantan la generosidad de Dios
en los que lo aman.

Escritor del Dios verdadero,
su palabra es tu imperdible,
tu contraseña al cielo.

LEONIDES FRESNO NICÓLAS

In prose and in poetry
You are a witness of life
Devoted to God.

In Earth's desolate garden,
You hunger for his presence
And call on his name.

The clarity of your prose
Is part of God's provenance
To his faithful ones.

Your volumes of poetry
Sing God's generosity
On those who love him.

Scrivener of the true God,
His word is your safety pin,
Password to heaven.

HIMNO AL SANTO NIÑO

Has hecho maravillas
con tu imagen, Santo Niño.

En lugar de los templos paganos
tu Santa Iglesia ahora crece.

Señor Santo Niño,
proteged al pueblo filipino.

Bendecid ahora y por siempre
a la Perla de las Mares del Oriente.

Bendecid ahora y por siempre
a la Perla de las Mares del Oriente.

HYMN TO THE SANTO NIÑO

You have performed wonders
With your image, Santo Niño.

In place of pagan temples
Your Holy Church grows.

Señor Santo Niño,
Protect the Filipino people.

Bless now and for always
The Pearl of the Orient Seas.

Bless now and for always
The Pearl of the Orient Seas.

MARIANO BOYANO REVILLA

La simplicidad es la clave
a la santidad genuina
y la verdadera piedad
como abejas ocupadas flotando
de dulce flor a flor
para sorber sus néctares.
Y transformarlos en miel
conservado en el panal
para alegrar su vida.

Al vivir una vida simple,
en ausencia de todas las complicaciones,
nos convertimos en divinos
limpiado de la basura del odio,
sentirse bendecido y santificado
y más cerca de Dios.

Tu simplicidad nos hace
una sola alma y un solo corazón,
atentos a Dios.

MARIANO BOYANO REVILLA

Simplicity is the key
To genuine sanctity
And true godliness
Like busy bees hovering
From sweet flower to flower
To sip their nectars.
And transform them to honey
Preserved in the honeycomb
To gladden their life.

By living a simple life,
Absent all complications,
We become godlike,
Cleansed from the garbage of hate,
Feeling blest and sanctified
And closer to God.

Your simplicity makes us
One in mind and one in heart:
Intent upon God.

AMBROSIO SANABRIA SANTERVÁS

De Calahorra a Cuba
—Buen Consejo en el medio—
la ruta es tan corta
según la voluntad santa de Dios,
es el mismo camino que los santos siguieron.
Cada paso una oración,
mientras caminaban con Jesucristo,
alegremente, firmes en la fe,
con el más puro amor,
su mirada fija principalmente en el cielo
para la salvación de la humanidad.
No eres tuyo. Fuiste ordenado
para predicar el evangelio del amor
a un mundo atrapado en la guerra,
sediento de paz, que quiere ser, pero no puede,
paralizado por el odio.

AMBROSIO SANABRIA SANTERVÁS

Calahorra to Cuba—
Buen Consejo in between—
Is such a short route
To follow God's holy will,
The same road the saints pursued.
Each step a prayer,
As they walked with Jesus Christ,
Joyfully, steadfast in faith,
With purest of love,
Gaze mainly fixed on heaven
To fulfill God's divine plan
For man's salvation.
You are not your own. You are
Ordained to preach the gospel
Of love to a world
Mired in strife, thirsting for peace,
Wanting to be, but cannot,
Paralyzed by hate.

MANUEL RODRÍGUEZ DÍEZ

En el pueblo donde vives,
tu casa con su restaurante
es un lugar acogedor,
con los Picos de Europa,
en su máxima majestad,
asomándose por encima.
Es un pacto de España con la naturaleza,
verdadero testamento de la belleza,
paisaje de esplendor.
A algunos kilómetros de distancia,
en un lugar cubierto de árboles,
hay un terreno sagrado
que en los viejos tiempos de antaño
era la ermita de San Froilán,
refugio para peregrinos.
En tus céspedes bien cuidados,
los robots programados recortan el césped,
pentecostés de verde.
Y las flores florecen descaradamente,
de hiedras que trepan los muros pedregosos,
Dios está muy cerca.

MANUEL RODRÍGUEZ DÍEZ

In the village where you live,
Your house with its restaurant
Is welcoming place,
With Picos de Europa,
In its fullest majesty,
Looming overhead,
Spain's covenant with nature,
True testament of beauty,
Landscape of splendor.
Some kilometers away,
In area covered with trees,
Is plain hallowed ground
That in ancient days of yore
Was St. Froilan's hermitage,
Refuge for pilgrims.
On your well-manicured lawns,
Programmed robots trim the grass,
Pentecost of green.
Flowers unabashedly bloom,
Ivies cling the stony walls.
God's very much around.

ELÍAS MARBAN FRESNO

Todopoderoso es el conocimiento
en nuestra asombrosa biblioteca.
Serendipia
evoluciona hacia la madurez.
Aprendes a usar tu sabiduría
de una manera noble,
no muy diferente a Diógenes
buscas sabios que encuentren
su camino a través de la tierra del libro
sin tener que atravesar
el laberinto del aburrimiento.
Leer es pura alegría.
Páginas de pergaminos
nunca dejan de fascinar
y agudizar la mente.
Tomos de preciosos libros raros
aumentan la curiosidad
por leer una y otra vez.
Respiras vida en cada libro
que decides pedir prestado
sólo hay que empezar a leer.

ELÍAS MARBAN FRESNO

All powerful is knowledge
In our awesome library.
Serendipity
Evolves to maturity.
You learn to use your wisdom
In a noble way,
Not unlike Diogenes
Looking for savants who find
Their way through book land
Without having to pass through
The labyrinth of boredom.
Reading is pure joy.
Pages of *pergaminos*
Never fail to fascinate
And sharpen the mind.
Tomes of precious rare books
Heighten one's curiosity
To read again and again.
You breathe life in every book
That you decide to borrow
Once you start reading.

JUAN ANTONIO TEJEDOR GUTIERREZ

Dar a cada uno de acuerdo
con las necesidades de uno es la tarea
del procurador.
Servir con un corazón alegre
es dispensar voluntariamente
lo que los hermanos necesitan.
Procurar es proporcionar
con presteza, no dejar
a nadie esperando.
Ciertamente, no un Judas,
sino un Cristo que sirve
a los hermanos lo mejor que puede.
No debe retener
lo que ha jurado guardar,
la comunidad.
Eres el procurador que necesitamos.
En estos tiempos tan inciertos,
puedes contar con nuestro apoyo.

JUAN ANTONIO TEJEDOR GUTIERREZ

To give each one according
To one's needs is the task of
The procurator.
To serve with a joyful heart
Is to willingly dispense
What the brethren need.
To procure is to provide
With urgency, not to leave
Anyone waiting.
Certainly, not a Judas
But a Christ who serves
The brethren the best he can.
He must not withhold
What he is sworn to keep for
The community.
You are the procurator we need.
In these so uncertain times,
You have our support.

VICENTE ZALDÍVAR DÍEZ

EN MEMORIA

Esa tarde del domingo,
como parte de la rutina de verano,
saliste con nosotros.
Las fresas estaban maduras,
los árboles coqueteaban con la brisa,
y luego hablamos de las compras.
Hablaste con voz fuerte
en sonoro castellano—
claro, agradable de escuchar.

A mediodía ese mismo domingo,
presidiste nuestra Misa
predicaste, nos escuchamos.
Tu voz potente nos trajo de nuevo
a la preocupación de Dios por la humanidad
y su misericordia y su amor.
Pero lo que nos inspiró más
fue tu santidad de vida:
tu mejor homilía.

VICENTE ZALDÍVAR DÍEZ
IN MEMORIAM

That late Sunday afternoon,
As part of summer routine,
You went out with us.
The strawberries were ripened,
The trees flirted with the breeze,
And so we talked shop.
You spoke with a sturdy voice
In sonorous Castilian—
Clear, pleasant to hear.

At midday that same Sunday,
You presided at our Mass.
You preached, we listened.
Your potent voice brought us back
To God's concern for mankind
And his mercy and his love.
Still what was most inspiring
Was your holiness of life:
Your best homily.

ISAAC INSUNZA SECO

La creación habla del amor de Dios
una piedad que es para siempre
música para los oídos.
Los ángeles proclaman su gloria,
su poder y su fuerza,
música para los oídos.
Su amor va de polo a polo,
su bondad es incomparable,
Dios de nuestras gracias.
Él es un Dios que perdona
y nunca un vengador,
fiel hasta el final.
Toca las teclas de marfil
con tus dedos ungidos.
Tú levantas nuestros espíritus
comunicarse con lo Divino
y por esta unión
somos un cuerpo,
un pueblo bajo un solo Dios,
y todos los días de nuestra vida,
cantando sus alabanzas.

ISAAC INSUNZA SECO

Creation speaks of God's love
And mercy that's forever
Music to the ears.
Angels proclaim his glory
And his power and his might,
Music to the ears.
His love is from pole to pole,
His goodness beyond compare,
God of our graces.
He is a forgiving God,
And never an avenger,
Faithful to the end.
Playing the ivory keys
With your anointed fingers,
You lift our spirits
To commune with the Divine
And because of this union
We are one body,
One people under one God,
And all the days of our life,
Singing his praises.

VALENTÍN LORENZANA GARCÍA

Para bien o para mal, la juventud
tiene la llave de nuestro futuro,
nuestra mejor o nuestra peor,
garantía de supervivencia.
Como raza humana, la clave
de nuestra extinción
si miran hacia atrás con ira
y queman los puentes detrás de ellos
en desesperación.

Bajo tu vigilancia esto no
sucede, lo mejor
está por venir. La juventud
será la mejor inversión
de cada nación en la tierra,
su mayor tesoro.
La juventud despertará a una edad de oro,
cuando se alienten los talentos
para prosperar y prevalecer.

VALENTÍN LORENZANA GARCÍA

For good or for bad, the youth
Holds the key to our future,
Our best or our worst
Guarantee for survival
As a human race, the road
To our extinction
If they look back in anger
And burn bridges behind them
In desperation.

Under your watch, this will not
Happen, for the best
Is yet to come. Youth
Will be the best investment
Of every nation on Earth,
Their greatest treasure.
Youth will spark the golden age,
When talents are encouraged
To thrive and prevail.

GENEALOGÍA

Negritos de la montaña
venían como nómadas, errantes:
eran nuestros antepasados.
Indonesios que buscaron refugio
del tirano Makatunaw:
eran nuestros antepasados.
Luego vinieron los malasios de piel clara,
inteligentes, de voz suave:
eran nuestros antepasados.
Poco después llegaron los españoles
para hacer de nosotros una nación:
eran nuestros antepasados.
Chinos, indios, japoneses
vinieron con sus negocios y comercio:
eran nuestros antepasados.
Cuando vinieron los estadounidenses,
nos dieron la independencia:
eran nuestros antepasados.
Somos islas e islotes
y llevamos el nombre del rey español:
Felipe II.

GENEALOGY

Negritoes of the mountain
Came as nomads, wanderers:
They were our forebears.
Indonesians sought refuge
From tyrant Makatunaw:
They were our forebears.
Then came fair-skinned Malaysians,
Intelligent, soft-spoken:
They were our forebears.
Soon after, the Spaniards came
To make of us a nation:
They were our forebears.
Chinese, Indians, Japanese
Arrived for trade and commerce:
They were our forebears.
When the Americans came,
They gave us independence:
They were our forebears.
We are islands and islets
Named after the Spanish King:
Philip II.

ROMEO RAMOS CENTINA

Más allá de la tercera dimensión
es tu viaje a ninguna parte
desconocido para muchos.
Allí puedes escuchar voces extrañas
y ver algunas sombras sin forma
fuera de este mundo.
Escuchas lo que otros no pueden,
y miras donde fallan sus ojos.
Viajas en el tiempo
y luchas con los ángeles
que te clavan en el suelo
y te atan como a un cerdo.
La espiritualidad prevalece,
quieres ser real una vez más.
Luego comienzas a rezar,
das un paseo, hueles las rosas,
bendices a Dios por estar vivo
y miras al sol.

ROMEO RAMOS CENTINA

Beyond the third dimension
Is a journey to nowhere,
Unknown to many.
There you can hear strange voices
And see some formless shadows
So out of this world.
You hear what others cannot,
And see where their eyes fail them.
You travel in time
And wrestle with the angels
Who have you pinned to the ground
And get you hogtied.
Spirituality prevails,
You want to be real once more,
So you start to pray,
Take a walk, smell the roses,
Bless God for being alive
And look at the sun.

RESTITUTO SUÁREZ GARCÍA

Trajiste el Santo Niño
más cerca de los devotos,
y aumentaba su fe.

La novena que compusiste,
escrita en lenguaje sencillo,
amplió su esperanza.

Custodio de la imagen
del Señor Santo Niño,
incansable hasta el final,
nunca perdiste tu infancia,
envuelto en inocencia inocente,
protegido por el amor.

Tan solemne como se puede ser,
eras muy humano también
pero propenso a perdonar.
Aseado y perfectamente vestido,
viste la imagen
con celo y coraje.

RESTITUTO SUÁREZ GARCÍA

You brought the Santo Niño
Closer to the devotees.
It increased their faith.

The novena you composed
Was written in plain language.
It widened their hope.

Custodian of the image
Of Señor Santo Niño,
Tireless till the end,
You never lost your childhood,
Wrapped in guileless innocence,
Protected by love.

As solemn as you could be,
You were very human, too,
But prone to forgive.
Neat and fastidiously dressed,
You watched over the image
With zeal and courage.

ANDRES R. ARBOLEDA JR., SSP

Era divertido trabajar contigo
ayudándote a editar *Homelife.*
Mi trabajo soñado.
Los artículos que aprobabas
debían ser leídos
y ser repasados.
Ficción corta y poesías
casi siempre alegran el día
cuando están bien escritas.
A menudo dudaba
en devolver por correo esos textos rechazados.
Era parte de mi trabajo.
Durante muchos meses trabajamos
en hacer *Homelife* legible,
para la familia.
Y los lectores escribían regularmente
para transmitir su gratitud.
Estaban satisfechos.

ANDRES R. ARBOLEDA JR., SSP

It was fun working with you,
Helping you edit *Homelife*.
It was a dream job.
The articles you approved
Needed to be copyread
And to be rehashed.
Short fiction and poetry
Almost always made my day
When they were well written.
I was often hesitant
To mail those rejection slips.
It was part of my job.
For many months we labored
To make *Homelife* readable,
For the family.
Readers regularly wrote
To convey their gratitude.
They were satisfied.

PIETRO CAMPUS, SSP

Cuando no se conocían las noticias falsas,
y los miembros de la prensa
informaban la verdad,
los sinvergüenzas no podían infiltrarse
en el más santo de los santos
del cuarto estado.
La prensa se convirtió en tu púlpito
para difundir el Santo Evangelio
y la Palabra de Dios,
a los cuatro rincones del mundo
y diseminada hábilmente
la verdad pudo prevalecer
para que la gente pudiera ver y saborear
la bondad del Dios verdadero
escrito en su corazón.
La prensa sigue siendo tu púlpito,
porque todavía hay espacio para la verdad.
Nada cambia mucho.
Debemos esforzarnos por trabajar más duro
así en medio del caos
La Palabra podrá prevalecer.

PIETRO CAMPUS, SSP

When fake news was unheard of,
And the members of the press
Reported the truth,
Scoundrels could not infiltrate
The most holy of holies
Of the fourth estate.
The press became your pulpit
To spread the holy gospel
And the Word of God,
Ably disseminated
To four corners of the world
So truth may prevail
And people could see and taste
The goodness of the true God
Written in their heart.
The press is still your pulpit,
As there is still room for truth.
Nothing changes much.
We must strive to work harder
So in the midst of chaos
The Word may prevail.

MARCELINO NIETO GARCÍA

La historia es una epopeya
a los que han hecho de su vida
un cuento de valentía,
una saga de supervivencia
en la jungla del yo primero.
Bestias sin razón,
donde tanto los depredadores como las presas,
a ejemplo de los cucos,
pueden revertir sus papeles
a cualquier hora del día o de la noche,
en cada caso,
o lo que sea.
Eras nuestro mejor profesor,
dotado de talentos y encanto,
y sentido del humor.
Pero esa fue tu ruina.
Los dioses, exigiendo arrogancia,
te enviaron al exilio.
Pero libre de entrometidos,
al final del calvario,
encontraste la redención.

MARCELINO NIETO GARCÍA

History is an epic
To those who have made their life
A tale of courage,
A saga of survival
In the jungle of me-first.
Beasts without reason,
Where both predators and preys,
Empowered by the cuckoos,
May reverse their roles
Any time of day or night,
On a case-by-case basis
As the case may be.
You were our best professor,
Endowed with talents and charm,
And sense of humor.
But that was your undoing.
The gods, demanding hubris,
Schemed your banishment.
But freed of busybodies,
At the end of calvary,
You found redemption.

GREGORIO LIQUETE GIL

Cuando eras Vicario, ninguno abandonó.
Todos estaban ocupados
no había tiempo para pequeñeces,
no había lugar para la frailocracia,
nadie estaba fuera de lugar.
Estábamos contentos de estar en casa.
Esos fueron los años felices.
No había desperdicio de mano de obra:
los talentos estaban en flor
como los lirios del campo,
sin obstáculos y sin trabas,
glorificando a Dios
silenciosamente, misteriosamente
como rocío cayendo del cielo
al amanecer temprano.
Reflejaste la Providencia de Dios
y su amabilidad,
su misericordia y amor.
Eras un padre amoroso
que nunca nos abandonó.
Tu presencia importaba.

GREGORIO LIQUETE GIL

When you were Vicar, none left.
Everybody was busy,
No time for trifles,
No place for frailocracy,
Nobody was out of place,
We gladly stayed home.
Those were the halcyon years,
With no wasted manpower,
Talents were in bloom
Like the lilies of the field,
Unhindered and unhampered,
Glorifying God,
Silently, mysteriously,
Like dews falling from the sky
At the early dawn.
You mirrored God's Providence
And reflected his kindness,
His mercy and love.
You were a loving father
Who never abandoned us.
Your presence mattered.

REGINO DÍEZ GARCÍA

Al descubrir a un poeta,
tú lees sus poemas; es
el momento de la verdad,
el tiempo de confrontar al toro
y sostenerlo por los cuernos,
como cuando te enfrentas a la vida.

Tú aprecias la poesía
cuando vivir se convierte en un arte
y lo bebes.

Un paseo por el parque trae alegría;
cada pájaro que canta es una alondra.
La vida te golpea así.

Nunca aprendes poesía
de talleres o simposios.
La vida es la maestra.

REGINO DÍEZ GARCÍA

Discovering a poet,
You read his poems; it is
The moment of truth,
The time to confront the bull
And to hold it by the horns,
As when you face life.

You appreciate poetry
When living becomes an art
And you drink to that.

A walk in the park brings joy;
Each singing bird is a lark.
Life strikes you like that.

You never learn poetry
From workshops or symposiums.
Life is the teacher.

SANTIAGO INSUNZA SECO

La teologia de la esperanza
que revolotea como un gorrión
es también para palomas
armadas de paciencia sin límite
capaces de escuchar a los loros hablar
sobre emboscadas
organizadas por una manada de leones
contra las cebras de patas rápidas
en la orilla del río.
Dorada en silencio, la esperanza
es la madre de un valor,
fuerte e inflexible.
La esperanza parece esconderse
en lo profundo del corazón humano,
pero el amor lo sostiene
como la brisa que acaricia,
que fluye de robles y hierba verde,
pandas y koalas,
y mantiene la creación vibrante,
protegida por el Vivo
Dios Todopoderoso.

SANTIAGO INSUNZA SECO

The theology of hope
That flutters like a sparrow
Is also for doves
Stuffed with limitless patience
To listen to parrots talk
About ambushes
Staged by a pride of lions
Against swift-footed zebras
At the riverbank.
Gilded in silence, hope
Is the matrix of courage,
Strong and unyielding.
Hope seemingly lies dormant
Deep inside the human heart,
But love sustains it,
Like the breeze that caresses
Strapping oak trees and green grass,
Pandas and koalas,
And keeps creation vibrant,
Protected by the living
All-powerful God.

ALONSO GUTIERREZ DÍEZ

El pueblo de Dios merece
un párroco lleno de espíritu,
por supuesto santo
e irreprensible en su presencia
cuando convierte pan y vino
en el cuerpo de Cristo.
El pueblo de Dios merece
un párroco que proclame
el evangelio de Cristo;
la historia de amor de Dios con la humanidad,
cuando envió a su Único Hijo
para nuestra redención.
La buena noticia de salvación
llama a los pecadores a arrepentirse
y volverse hacia Él.
El amor de Dios perdura para siempre:
el párroco no debe cansarse,
al recordar a su rebaño.

ALONSO GUTIERREZ DÍEZ

The people of God deserve
A spirit-filled parish priest,
By all means, holy
And blameless in his presence
When he converts bread and wine
Into Christ's body.
The people of God deserve
A parish priest who proclaims
The gospel of Christ;
God's love story with mankind,
How he sent his only son
For our redemption,
The Good News of salvation
Calling sinners to repent
And turn back to him.
God's love endures forever:
The parish priest must not tire
Reminding his flock.

LUIS FRANCISCO ANDRÉS

En tu juventud la luna y las estrellas
se arrodillaban ante tu presencia.
Fantasía infantil,
este sueño imposible, improbable,
parte del engaño juvenil,
extraño, bárbaro.
Sé real: el tiempo está de tu lado
para hacer lo mejor para ti:
proclamar el Evangelio.
En la viña del Señor,
los que trabajan son muy pocos.
Haz sentir tu presencia.
En el Reino de Dios,
los que sirven son los que reinan.
Sirve, para que puedas reinar.
Más que la luna y las estrellas,
deja que el sol sea tu brújula,
tu guía infalible.

LUIS FRANCISCO ANDRÉS

In your youth, the moon and stars
Curtsied before your presence.
Childhood fantasy,
This pipe dream, improbable,
Is part of youth's delusion,
Bizarre, barbaric.
Get real: Time is on your side
To do what is best for you:
Proclaim the gospel.
In the vineyard of the Lord,
Those who labor are so few.
Make your presence felt.
In the kingdom of God,
Those who serve are those who reign.
Serve, so you may reign.
More than the moon and the stars,
Let the sun be your compass,
Your unerring guide.

PAQUITO TANKIANG

Como tú, la abuela era china.
Padre era un niño pequeño
cuando murió la abuela.
Me convertí en parte de tu clan.
A menudo me invitabas
a probar comida china.
Por lo general, al salir a cenar,
pedíamos sopa especial
de pepino de mar.
Durante las vacaciones de verano, vimos
El fantasma de la ópera
con los londinenses.
Fue toda una experiencia
poder escuchar a los actores ingleses
hablar su propio idioma.
Vendían hamburguesas caras,
los restaurantes chinos eran nulos.
Fuimos a cenar de lujo.
Siempre fue así con nosotros,
unidos como un clan: chinos
filipinos todos.

PAQUITO TANKIANG

Like you, granny was Chinese.
Father was a little kid
When grandmother died.
I became part of your clan.
You often invited me
To taste Chinese food.
Usually, while dining out,
I would ask for special soup
Of sea cucumber.
During summer break, we watched
Phantom of the Opera
With the Londoners.
It was quite an experience
To hear English stage actors
Speak their own language.
They sold expensive burgers,
Chinese restaurants were nil.
We went fine dining.
It was always so with us,
Bonded as a clan: Chinese
Filipinos all.

AMBROSIO CANTADA

Los pobres siempre están con nosotros.
Sin embargo, muchas veces Cristo no lo está.
El pobre se agacha en la tierra.
Objeto de acción de la ONU,
ensalzado por las ONGs.
Reciben sólo un centavo
de los millones de dólares
recogidos en su nombre.
Los pobres no tienen precio
y la pobreza es inmortal.
Los pobres siempre están con nosotros.
Tristemente, Cristo no lo está.
Como verdadero seguidor de Cristo,
ayudaste a los vecinos en extrema necesidad
por amor de Cristo.
Compartiste lo que tenías con amor
y lo hiciste todo por Cristo,
nuestro Señor y Salvador.
Así que ahora déjame celebrar
tu vida santa centrada en Cristo,
tu fundamento en el Evangelio.

AMBROSIO CANTADA

The poor are always with us,
Yet many times, Christ is not.
The poor squat the earth.
Triggered by UNO
Empowered by NGOs.
They receive a dime
For the millions of dollars
Collected on their behalf.
The poor are priceless
And poverty is deathless.
The poor are always with us,
Sadly, Christ is not.
As true follower of Christ,
You helped neighbors in dire need
For the sake of Christ.
You shared what you had with love,
And you did it all for Christ,
Our Lord and Savior.
So now let me celebrate
Your Christ-centered holy life,
Based on the gospel.

CHRISTINE DAYRIT

Ya no es sólo un recuerdo,
Chengdu es ahora un relicario
en la cresta del tesoro.
Una mañana caminamos para ver
pandas comiendo hojas de bambú.
(¡Solo en Chengdu!)
El océano de la humanidad
seguramente nos hizo perder el rumbo.
(¡Solo en Chengdu!)
Era luna llena, y todos salimos
para ver la ópera china.
(¡Solo en Chengdu!)
Cada comida era un banquete
de abundancia en frutas y verduras.
(¡Solo en Chengdu!)
La estatua del Buda más alta del mundo
enana la "ciudad de las brujas".
(¡Solo en Chengdu!)
Un avión nos llevó al Tibet,
autónomo, místico,
el techo del mundo.
Pasamos por Yarlung Tsangpo,
el río más alto del mundo,

CHRISTINE DAYRIT

No longer just a memory,
Chengdu is now a locket
In the treasure crest.
One morning we trekked to see
Pandas munching bamboo leaves.
(Only in Chengdu!)
Ocean of humanity
Surely made us lose our way.
(Only in Chengdu!)
Full moon, and we all went out
To watch Chinese opera.
(Only in Chengdu!)
Every meal was a banquet,
Abundant with fruits and greens.
(Only in Chengdu!)
World's tallest Buddha statue
Dwarfed the "city of witches."
(Only in Chengdu!)
A plane took us to Tibet,
Autonomous, mystical,
The roof of the world.
We passed by Yarlung Tsangpo,
Highest river in the world,

y fuimos a Lhasa
donde el Palacio Potala,
hogar del Dalai Lama,
parecía vacío, esperando
al Sombrero Amarillo
para reaparecer
y hacer sus deberes sagrados
como en la antigüedad.

And went to Lhasa
Where the Potala Palace,
Home to the Dalai Lama,
Looked empty, awaiting
The Yellow Hat to reappear
And do his sacred duties
As in ancient days.

MOISÉS VARA

Expatriados, exiliados por propia elección,
vivimos en comunidad
con extraños como nosotros
quienes en teoría dejaron el mundo
para que fuera un lugar mejor—
por el amor de Dios.
El amor sostenido de Dios nos hace
una sola alma y un solo corazón
atentos a Él.
El amor de Dios nos hace apreciar
la bendición que el perdón trae
como un bálsamo curativo.
El amor de Dios es la razón principal
de que vivamos en familia,
mirando al cielo
para que ya no seamos extraños,
sino que en comunidad de amigos,
podamos servir a nuestro Dios.

MOISÉS VARA

Expatriates, exiles by choice,
We live in community
Of strangers like us
Who, in theory, left the world
To make it a better place—
For the love of God.
God's sustaining love makes us,
One in mind and one in heart,
Intent upon him.
God's love makes us appreciate
The blessing forgiveness brings
With its healing balm.
God's love is the main reason
Why we live as family
Looking heavenward
So that, no longer strangers,
As community of friends,
We may serve our God.

CATERINE VANESSA MARTÍNEZ ROSECO

Cara a cara o alma a alma
tiernamente sentimos la presencia de Dios
hurgando en nuestro corazón.
Él nos empuja a ser
su imagen y semejanza,
y estamos en paz.
Cuán verdaderamente abarcador
es el verdadero amor de Dios por la humanidad:
¡Más allá de toda medida!
¡Abrumador! ¡Sin límites!
trascendiendo lo que el tiempo y el espacio
pueden agarrar y abrazar.
El amor de Dios por nosotros es total;
se administra sin exigir pago.
A cada criatura
que se siente bendecido al amarlo,
nuestro principio y nuestro fin,
nuestro gran creador.

CATERINE VANESSA MARTÍNEZ ROSECO

Face-to-face or soul to soul
We tenderly feel God's presence
Stirring in our hearts.
He prods us into being
His image and his likeness,
And we are at peace.
How truly encompassing
Is God's true love for mankind:
Beyond all measures!
Overwhelming! Limitless!
Transcending what time and space
Can grasp and embrace.
God's love for us is total;
It is given without cost
To every creature
Who feels blessed in loving him,
Our beginning and our end,
Our grand creator.

YOLANDA MÉNDEZ GONZÁLEZ

La vida en la tierra es un exilio,
podremos estar cansados de esperar
en este valle de lagrimas
donde la realidad es un espejismo.
Y terminar es comenzar.
Cuando terminamos comenzamos
para luchar contra otra crisis,
sin saber si sobreviviremos.
No podemos planear la vida,
pero podemos confiar en el Señor,
en su bondad, misericordia y amor.
El Señor es fiel.
El Señor es nuestra salvación,
nuestra protección y nuestro escudo.
Él preserva nuestra vida.
Él hace todas las cosas posibles.
Él contesta todas nuestras oraciones.
Él sólo da la vida.

YOLANDA MÉNDEZ GONZÁLEZ

Life on Earth is an exile,
We can be sick of waiting
On this vale of tears
Where reality is mirage.
And to end is to begin.
As we end, we start
Fighting another crisis,
Uncertain if we survive.
We cannot plot life,
But we can trust in the Lord's
Goodness and mercy and love.
The Lord is faithful.
The Lord is our salvation,
Our protection and our shield.
He preserves our life.
He makes all things possible.
He answers all our prayers.
He alone gives life.

GONZALO GONZÁLEZ PERERA

Todos estamos de paso
en esta vida de marcha inestable.
No somos nuestros.
El Señor nos sirve, caminante y camino,
al lado de nosotros.
Su huella junto a la nuestra
dirige nuestros pasos.
Él envía a nuestro ángel guardián
para protegernos día y noche
de cualquier daño.
No nos abandonará,
ni nos permitirá vacilar,
fiel hasta el final.
Fiel a todas sus promesas,
nos da consuelo y alegría.
Él brinda consuelo.
Cuando la vida parece desmoronarse,
ya restaura todas las piezas
de nuestro yo roto.

GONZALO GONZÁLEZ PERERA

We are all just passing through
This life with unsteady gait.
We are not our own.
The Lord serves as our walker,
Side by side with us, he trods
To direct our steps.
He sends our guardian angel
To protect us night and day
From whatever harm.
He will not abandon us
Nor allow us to falter,
Faithful to the end.
True to his every promise,
He gives us solace and joy.
He provides comfort.
When life seems to fall apart,
He restores all the pieces
Of our broken selves.

DAVID IÑIGUEZ MORENO

Tardes, antes del anochecer,
disfrutas mirando las hojas
bailando con la brisa.
Tus ojos brillan de alegría
y el color de tu cara
es pura inocencia
y revives recuerdos felices
de fiesta vintage en el pueblo
y abundantes uvas.
Mientras ejercites tus brazos,
la juventud volverá a ti otra vez
para traerte mucha alegría.
Luego te das cuenta con cariño
que Dios es Belleza, siempre
antiguo, siempre nuevo.
Una vez más el mundo es joven
y la tierra es verde manzana.
Las cerezas pronto florecerán.

DAVID IÑIGUEZ MORENO

Afternoons, before sundown,
You enjoy watching the leaves
Dancing with the breeze.
Your eyes twinkle with gladness
And the color of your face
Is pure innocence
That restores happy memories
Of festive village vintage
And abundant grapes.
As you exercise your arms,
Youth returns to you again
To bring you much cheer.
Then you fondly realize
That God is Beauty ever
Ancient, ever new.
Once again, the world is young
And the earth is apple green.
Cherries will soon bloom.

MAXIMINO PÉREZ MARCOS

El tiempo está de nuestro lado si renunciamos
a la urgencia del siempre apurarse
al estancamiento de la prisa
con sus frutos de tensión y desperdicio
que socavan el esfuerzo de los tiempos
sanar y no herir.
Esperando, magnificamos
la grandeza de Dios a través de nuestra paciencia.
Él actúa mientras esperamos.
Las cicatrices infligidas en nuestra carne,
una vez se han ido, son reemplazadas
por la alegría y el alivio.
El Dios que adoramos,
aunque crucificado en una cruz,
puede sanar y perdonar.
Es un sanador herido,
Él es un Dios que perdona,
por siempre misericordioso.

MAXIMINO PÉREZ MARCOS

Time is on our side if we forego
The urge to always hurry
The gridlock of haste
Which creates tension and waste
And undermines time's effort
To heal and not wound.
By waiting, we magnify
God's grandeur through our patience.
He acts while we wait.
Scars inflicted on our flesh,
Once they are gone, are replaced
With joy and relief.
The God that we adore,
While crucified on the cross,
Can heal and forgive.
He is a wounded healer,
He is a forgiving God,
Forever merciful.

TEÓDULO DÍEZ PACHO

El misterio del amor de Dios.
nunca se pierde en símbolos.
Poesía deslumbrante
de cómo su amado Hijo,
el Unigénito,
enviado a este mundo
para redimir a toda la humanidad,
fue crucificado en una cruz
por voluntad del Padre:
obediencia simple y llana
para satisfacción divina
y por nuestra salvación,
mientras acompañas al Señor
en el camino al Calvario.

TEÓDULO DÍEZ PACHO

The mystery of God's love
Is never lost in symbols.
Dazzling poetry
Of how his beloved son,
The only-begotten one,
Sent into this world
To redeem all of mankind,
Was crucified on the cross
By the Father's will:
Obedience, plain and simple
For divine satisfaction
And our salvation
As we accompany the Lord
On the road to Calvary.

FRANCISCO LARRÁN ÁLVAREZ

Como la gracia sigue activa en tu vida,
la vejez no es una sorpresa,
nunca serás viejo:
sentido del humor, agallas y tablas.
Ponderación, juicio sensible,
que baila con el viento del cambio.
Mañana no es nada más que hoy
construido sobre ayer.
Han pasado tantas cosas,
y muchas más sucederán aún.
El tiempo sigue avanzando.
El sol, la luna y las estrellas
constantes en sus cursos,
se dirigen por lo Invisible.

FRANCISCO LARRÁN ÁLVAREZ

As grace activates your life,
Old age comes as no surprise,
You are never old:
Sense of humor, guts, and grit,
Capacity to render
Sensible judgment,
Waltzing with the wind of change.
Tomorrow is but today
Built on yesterday.
So many things have happened,
Many more will happen still.
Time keeps moving on.
The sun, the moon, and the stars
Are steady in their courses,
Steered by the Unseen.

OMAR AQUINO CANO

En la estación húmeda o en la seca,
Ecuador, tu gran país, tiene carácter.
Hablas español como el resto
de los latinoamericanos,
salvo los brasileños
que bailan tan bien la samba
y enseñan a sus loros cautivos
a hablar en portugués.
Un católico practicante,
escuchas regularmente la Misa
con tu familia.
Tu devoción, tu fé,
tu fuerte creencia en Dios
os unen.

OMAR AQUINO CANO

In wet or in dry season,
Ecuador, your great country,
Has a character.
You speak Spanish like the rest
Of Latin Americans,
Save the Brazilians
Who dance the samba so well
And teach their captive parrots
To speak Portuguese.
A practicing Catholic,
You regularly hear Mass
With your family.
Your devotion to your faith
And your strong belief in God
Bind you together.

MIRIAM BARREALES LÓPEZ

Tras las vacaciones de verano,
mucho más delgada y bien descansada,
te ves genial.
No hay necesidad de irse de León
a escalar todas esas pirámides,
desamparadas en la arena
como las quimeras del tiempo
que esperan el cambio climático
para barrerlas.

Los Picos de Europa
que llaman "la puerta de entrada a Europa"
empiezan aquí en León
donde la catedral gótica,
deslumbra, insuperable
con sus raras vidrieras.
Aquí la cocina es saludable,
sofisticada y segura,
satisface y beneficia la salud.

Ladrillos y piedras, en fusión.
Y granitos raros en el suelo,
que dibujan estructuras clásicas.

MIRIAM BARREALES LÓPEZ

Back from summer vacation,
Much slimmer and well-rested,
You are looking great.
There's no need to leave León
To scale all those pyramids,
Forlorn on the sand
Like the chimeras of time
Waiting for climate change
To sweep them away.

The Picos de Europa,
Called "the gateway to Europe,"
Starts here in León
Where the Gothic cathedral,
With its rare stained-glass windows,
Dazzles, unsurpassed.
Its salutary cuisine,
Sophisticated and safe,
Satisfies health buffs.

The merging of bricks and stones
And rare granites for the floor
Build classic structures.

En sus hospitales de nivel mundial
se trata a los pacientes como a miembros
de la familia.

La Edad de Oro no se ha ido
la gran corona que dio la luz a España
sigue aquí a día de hoy.

In their world-class hospitals
They treat patients as members
Of the family.

The Golden Age has not left
The great Crown that birthed Spain
To this very day.

ARSENIO DE DIOS RODRÍGUEZ

Afirmar el poder glorioso de Dios
es ser capaz de ver su obra
iluminando el cielo
en una noche oscura y solitaria
cuando nuestra fe está en juicio
y en esperanza, con marea baja.
El amor, asediado, disminuye,
ahogado en un tsunami de lágrimas,
con los ojos vendados de miedos.
Dios, el Señor de la misericordia,
rompe el yugo y los grilletes,
y reclama nuestra alma.
El Señor es nuestra salvación,
Él es la fuente de nuestra fuerza.
Él es nuestro salvador.
Nos libera de la esclavitud,
la autocompasión y el miedo
para hacernos completos de nuevo.

ARSENIO DE DIOS RODRÍGUEZ

To affirm God's glorious might
Is to see his handiwork
Lighting up the sky
On a dark and lonely night
When our faith is on trial
And hope at low tide.
Love, besieged, diminishes,
Drowned in tsunami of tears,
Blindfolded by fears.
Then God, the Lord of mercy,
Removes the yoke and fetters,
And reclaims our souls.
The Lord is our salvation,
He is the source of our strength,
He is our savior.
He frees us from the bondage
Of self-pity and fear
To be whole again.

ANA BELÉN SIERRA ROBLES

Tu bebé lloraba más alto
y competía así con el volumen
de la radio en tu coche.
Ahora ella es mayorcita
y ha aprobado su audición
en todo un coro de élite.
Y tu hija mayor quiere ser
una agente de la ley,
tan notable y tan justa como su padre.
Son jóvenes, quieren ser
las mejores en su ámbito.
Sólo el cielo es el límite
para aquellas con talento
que el Señor otorga
si lo invocan y lo siguen.
Siempre estará con ellas
si caminan el camino recto
con ellas, a su lado.

ANA BELÉN SIERRA ROBLES

Your baby girl cried louder
To compete with the volume
Of your car's radio.
Now she is a grade-schooler
And has passed the audition
For the elite choir.
Your older girl wants to be
A noted law enforcer
Just like her father.
They are young and want to be
The best in their chosen field.
Sky is the limit
For those with talent bestowed
By the Lord on those
Who invoke and follow him.
He will always be with them
If they walk on the right path
With them beside him.

AZUCENA CORAL RIVAS PESTADA

La maternidad es una bendición
amorosamente dada por Dios,
a sus criaturas.
Cae suavemente del cielo,
bendición de maternidad,
y fructifica la tierra.
Llega a cada esquina
hace que la creación sobreviva,
y siga viviendo.
La historia de la maternidad
y así nunca termina el ciclo
de la providencia de Dios.
Un amor de Dios que dura más que los
problemas y aflicciones de la vida.
Al nacer el bebé,
la dicha supera el dolor,
y la felicidad vence
toda ansiedad y todo miedo.

AZUCENA CORAL RIVAS PESTADA

Motherhood is a blessing
Lovingly given by God,
To living creatures.
Gently falling from heaven,
The blessing of motherhood
Fructifies the earth.
It reaches every corner
For creation to survive
And go on living.
The story of motherhood
Is never-ending cycle
Of God's Providence,
The love of God that outlasts
Life's travails and afflictions.
At the baby's birth,
Fulfillment overcomes pain,
And happiness vanquishes
Anxieties and fears.

JOHN ALEXANDER OPINA LÓPEZ

Tu loro habla por los codos,
nació en la Amazonia,
y se apoda Raúl.
Raúl reza el "Padre Nuestro",
salpicado de maldiciones.
Aquí y allá
como en una jungla inteligente,
él habita una jaula abierta,
bien seguro y bien provisto.
Y en las excursiones
él siempre encuentra a tu grupo.
Vuela por toda la playa
y al final nunca se pierde.
El sentido de pertenencia de Raúl
lo hace pensar que es humano
y que vosotros loros sois.

JOHN ALEXANDER OPINA LÓPEZ

Your parrot that talks too much,
Hatched in the *Amazonia*,
Is renamed, Raul.
Raul prays the "Our Father,"
Then cusses at the same time.
Seen as jungle smart,
He dwells in an open cage,
Secure, well provided for.
During excursions
He accompanies your group,
Winging all over the beach
Without getting lost.
Raul's sense of belonging
Makes him think he is human
And you are parrots.

MIGUEL ÁNGEL ORCASITAS

En un capítulo intermedio
en Manila, Filipinas
te quedaste en mi habitación.
Una no entidad como yo
debe ceder su cuarto sencillo
a un compañero desconocido.

Te encontré modesto:
exhalabas el olor
de la humildad.
Fue divertido hablar contigo,
nuestra charla, principalmente sobre mí,
levantó mi espíritu.
Te dije: "Deseo que el nuevo
General que ellos elijan
sea un santo viviente".

No estaba bromeando ni un ápice.
Realmente quise decir lo que dije
y dije lo que quise decir.
De verdad, pensé en ti,

MIGUEL ÁNGEL ORCASITAS

One intermediate Chapter
In Manila, Philippines
You stayed in my room.
A non-entity like me
Must give up his simple room
To fellow unknown.

I found you self-effacing:
You exuded the odor
Of humility.
It was fun to talk to you.
Our talk, mostly about me,
Lifted my spirit.
I told you: "I wish the new
General they will elect
Is a living saint."

I was not joking one bit.
I really meant what I said
And said what I meant.
Truth to tell, I thought of you,

aunque era un pensamiento vacío
de un no votante.
En el Capítulo que siguió,
eras el padre general.
No me sorprendió.

Although it was empty thought
Of a non-voter.
In the Chapter that followed,
You were Father General.
I was not surprised.

ISABEL RODRÍGUEZ SEOANE

Criaste a tu hija única
en el santo temor de Dios,
allí donde guía el Espíritu.
Las dificultades que encuentres
naufragarán ante
la promesa del Señor
de serenidad y de paz.
Así como el sol sale y se pone,
el Señor te protege.
Tu ángel de la guarda te guía,
donde quiera que vayas.
El Señor te protege,
mientras caminas con tu hija
en la tormenta y en el estrés de la vida,
Dios os salva del daño.
Cabo de Finis Terrae
Elimina el Non de tu Plus Ultra.
El cielo no tiene límite.

ISABEL RODRÍGUEZ SEOANE

You raise your only daughter
In the holy fear of God,
Where the Spirit leads.
The hardships you encounter
Will fail in comparison
To the Lord's promise
Of serenity and peace.
As the sun rises and sets,
The Lord protects you.
Your guardian angel guides you,
Wherever you are going.
The Lord protects you,
As you walk with your daughter
In the storm and stress of life,
God saves you from harm.
Cabo de Finis Terrae
Removes *Non* from *Plus Ultra*.
Sky has no limit.

MARIA LUISA RODRÍGUEZ CUERVO

Manzanal de Arriba,
en la pastoril Zamora,
te ofrece un respiro.
El lago es limpio, claro y seguro;
el bosque hogar de jabalíes,
caballos salvajes, lobos y ciervos.
Durante las noches de calma y estrellas,
Manzanal de Arriba
se ilumina con fogatas.
Y te da la oportunidad de contar
con gratitud y con amor,
las bendiciones de Dios.
El futuro parece prometedor
y lo mejor está por venir,
con la ayuda de Dios.

MARIA LUISA RODRÍGUEZ CUERVO

Manzanal de Arriba,
In pastoral Zamora,
Offers you respite.
The lake is clean, clear, and safe;
Forest is home to wild boars,
Wild horses, wolves, deer.
During calm and starry nights,
Manzanal de Arriba
Lights up with campfires,
Giving you a chance to count
With gratitude and with love,
The blessings of God.
The future looks promising
And the best is yet to come,
With the help of God.

ANA MARÍA GARCÍA GONZÁLEZ

El amor que le das a tu madre
es el amor de una hija,
más allá de toda medida.
Como los tulipanes en invierno
en lo profundo esperan enterrados
los pasos de la primavera;
como el cálido aliento del verano,
con beneplácito acoge los suaves rumores
de un otoño que viene.
En el vasto rompecabezas de la vida,
el amor de una hija por su madre
es sinécdoque.
El amor es el gran proveedor:
cada parte pertenece al todo;
y el todo, a cada parte.

ANA MARÍA GARCÍA GONZÁLEZ

The love you give to your mom
Is the love of a daughter,
Beyond all measures.
Like the tulips in winter,
Buried deep but awaiting
The footsteps of spring.
Like the warm breath of summer,
Welcoming balmy rumors
Of autumn's coming.
In life's broad jigsaw puzzle,
The daughter's love for her mom
Is synecdoche.
Love is the great provider:
Each part belongs to the whole;
The whole, to each part.

AROA GUTIÉRREZ MERINO

Al escribir poesía debo
sentir el pulso de las estrellas,
como los años luz de distancia,
ven la monstruosa sombra,
aterradora, insaciable,
a punto de devorarlos.
La tarea de escribir poesía
pide toda una vida,
de autocompromiso
con la privación total,
libre de excesos, de necesidades,
y ausente de ocio.
Ya que apenas puedo cumplir
lo que la poesía exige de mí,
yo no la enseño
cada vez que escribo.

AROA GUTIÉRREZ MERINO

In writing poetry, I must
Feel the pulses of the stars,
As light years away
They spot the monstrous shadow,
Frightening, unquenchable,
Poised to devour them.
The task of writing poetry
Occupies a whole lifetime,
Of self-commitment
To total deprivation,
Freedom from surplus of needs,
Absence of leisure.
Since I can hardly fulfill
What poetry demands of me,
I do not teach it
Every time I write.

LAURA VILLAROEL PASTOR

Cuando el mundo parecía muy joven,
y aún estaba en blanco y negro,
tú escribías poesía.

Las mariposas eran frívolas,
las libélulas traviesas.
Y tú escribías poesía.

No, la luna nunca fue azul,
y cuando llovía realmente llovió.
Y tú escribías poesía.

Saltaste a la luz de la luna,
bailaste al compás de la luz en el día.
Tú escribías poesía.

Ahora que el mundo sigue girando,
y cambia de colores por todas partes,
sigues escribiendo poesía.

LAURA VILLAROEL PASTOR

When the world seemed very young,
And the Earth was in black and white,
You did write poetry.

The butterflies were flippant,
The dragonflies were naughty.
You did write poetry.

No, the moon was never blue,
When it rained, it really poured.
You did write poetry.

You hopscotched in the moonlight,
You line-danced in the daylight.
You did write poetry.

Now the world keeps evolving
Changing colors everywhere,
You still write poetry.

BEGOÑA ROBLES ALFA

Asturias, esa provincia
de paisajes tan hermosos,
es de obligada visita en España.
Oviedo, la capital,
obra de las legiones romanas,
es la grandeza clásica.
Los nobles de Asturias
trabajaron sin descanso por la unión
de los Reyes Católicos.
Sacrificaste Asturias
por los más pobres de los pobres
en Filipinas.
Allí donde el Mayón descansa,
cono perfecto del mundo,
hito para los necesitados,
tú querías servir:
a los enfermos y los hambrientos,
los solitarios y desposeídos,
en el santo nombre de Dios.
Más de una década pasó,
y ahora estas de vuelta; más fuerte en la fe
en la esperanza y en el amor.

BEGOÑA ROBLES ALFA

Asturias as a province,
With its beautiful landscapes,
Is must-see in Spain.
Oviedo, the capital,
Built by the Roman Legion,
Is classic grandeur.
The nobles of Asturias
Worked so hard for the union
Of faithful monarchs.
You sacrificed Asturias
For the poorest of the poor
In the Philippines.
There, Mayon, world's perfect cone,
Rests, landmark for the needy
You wanted to serve:
The sick and the hungry,
The lonely and dispossessed,
In God's holy name.
More than a decade later,
Now you're back; stronger in faith,
In hope and in love.

VALERIA MONTOYA VELÁSQUEZ

El hospital en el que nos encontramos
se llama "Universitario
de León", y no
por luchar por el mejor nombre.
Todos los hospitales en León
son el mejor del mundo.
Sirven excelente comida;
el ambiente es amigable
y bien organizado.
Como mis propias madres, las doctoras
no descansaron hasta
que identificaron
y mataron a las tres bacterias
de mi dolencia.
Todo un mes llevó eso.
Mis hermanos agustinos
venían mañana y tarde
para cubrir mis necesidades.
Contrataron ayudantes competentes
que día y noche, todos los días,
me acompañaban.

VALERIA MONTOYA VELÁSQUEZ

The hospital we checked in
Is called "Universitario
De León"; it's not
Struggling to be called the best.
All hospitals in León
Rank as the world's best.
They serve excellent cuisine;
The atmosphere is friendly
And well organized.
Like my mom, female doctors
Were not fully done until
They identified
And killed the three bacteria:
Root causes of my ailment.
A month to do that.
My Augustinian confreres
Came morning and afternoon
To check on my needs.
They employed competent aides
Who night and day, round the clock,
Accompanied me.

Los cinco capellanes del hospital
se turnaron para darme
la Santa Eucaristía.

The five hospital chaplains
Took turns in giving me the
Holy Eucharist.

NOELIA CAMINO GONZÁLEZ

La enfermedad significa que somos humanos,
nos recuerda quiénes somos realmente:
simples mortales desventurados.
Hacemos un descanso para dedicar toda
la atención a nosotros mismos.
Somos nuestro mejor amigo,
vulnerables, pero también
receptivos, más preparados
para enfrentar el hecho desnudo
lo esencial deslumbrante
que nos espera
una vez nuestro tiempo acabe.
En este mundo efímero,
nada importa excepto nuestras obras.
Vivimos como amamos.
Somos juzgados por cómo amamos.
Y al amar nos preparamos
para el gran más allá.

NOELIA CAMINO GONZÁLEZ

Illness means we are human,
Tells us who we really are:
Plain hapless mortals.
We take a rest to give all
The attention to ourselves.
We are our best friends,
Vulnerable but also
Impregnable, more prepared
To face the bare fact
And the glaring essentials
Of what is in store for us
Once our time is up.
In this ephemeral world,
Nothing matters but our deeds.
We live as we love.
We are judged by how we love.
Loving, we prepare ourselves
For the Great Beyond.

CARMEN MARTHA VARAS

Saborear cada momento
es vivir una vida sana,
libre de la carga
y la inutilidad del odio
y de recriminaciones
que molestan al espíritu.
La vida sana se basa en el amor
fortificado por el perdón
que nos trae una gran alegría,
sabiendo que estamos haciendo
lo que Cristo quería que hiciéramos
por el amor del Padre
hacia toda la creación.
Saboreamos cada momento
amando al Padre.
Aunque vivimos en tiempo prestado,
cada momento vivido para Dios
es infinito.

CARMEN MARTHA VARAS

To savor every moment
Is to live a wholesome life,
Free from the burden
And futility of hate
And of recriminations
That vex the spirit.
Wholesome life is based on love
Fortified by forgiveness
That brings us great joy,
Knowing that we are doing
What Christ wanted us to do
For the Father's love
Toward the whole creation.
We savor every moment
Loving the Father.
Though we live on borrowed time,
Every moment lived for God
Is infinity.

JUAN DAVID POSADA CORREA

Cuando los agentes de la ley irrumpieron
en el refugio del zar de las drogas,
no había un alma allí:
sólo un papagayo
de colores brillantes, y mal humor
que gritaba: "¡Están acá!"
Considerado un logro
el pájaro fue detenido
y puesto a la parrilla durante días.
"¡Están acá!" El pájaro seguía chillando,
y casi volvió loco a quienes
se paraban a escuchar.
Ahora ya no está permitido
mantener este tipo de pájaro como
mascota, en Colombia.

JUAN DAVID POSADA CORREA

When law enforcers raided
The safe house of a drug czar,
Not a soul was there:
Only a *papagayo*,
Brightly colored, bad humored
And shrieking: "They're here!"
Listed as an accomplice
The bird was apprehended
And was grilled for days.
"They're here!" The bird kept shrieking,
And almost drove crazy those
Who cared to listen.
Now it's no longer allowed
To keep this kind of bird, as
Pets, in Colombia.

MARINA ÁLVAREZ AMPUDLAS

Ángeles sonrientes con cuello de cisne,
de Universitario,
olor a santidad.
Traes a los pacientes lo mejor de la salud
dicho en perfecto castellano,
sonoro y dulce.
Trabajas porque te encanta,
tu motivación divina:
para glorificar a Dios.
Tu trabajo es un apostolado
de servicio humilde y amoroso,
hecho con alegría interior.
No necesitas tener alas,
en verdad eres visible
para aliviar y sanar.

MARINA ÁLVAREZ AMPUDLAS

You, swan-necked smiling angel
Of Universitario,
Smell of sanctity.
You bring patients best of cheers
Said in perfect Castilian,
Sonorous and sweet.
You work because you love to,
Your motivation divine:
To glorify God.
Your work is an apostolate
Of humble, loving service,
Done with inward joy.
You do not need to have wings,
You are, in truth, visible
To relieve and heal.

NOEMI RODRÍGUEZ PEDRÓN

A veces, la arquitectura de la vida,
cuando menos lo esperamos,
toma un giro discordante.
Como una nueva astrología,
desconocida y desconocido,
que desafía a las estrellas,
como un carnaval cuaresmal
cuando cada calle en Rio
se llena de devotos,
y cada rincón y grieta,
llena de turistas desconcertados,
baila al ritmo de la samba.
O como los Sanfermines
donde los toros más selectos se liberan
para correr una carrera con mortales
tercos, persistentes,
en un juego que nadie gana,
por el baile macabro que reclama
muchas vidas atrevidas.

NOEMI RODRÍGUEZ PEDRÓN

At times, life's architecture,
When we least expect it,
Takes a jarring turn.
Like a new astrology,
Unknown and unfamiliar,
That defies the stars.
Like a Lenten carnival
When every street in Rio
Fills with devotees,
And every nook and cranny,
Packed with befuddled tourists,
Dances to samba's beat.
Or like the Sanfermines
Where choicest bulls are unleashed
To run a race with mortals
Stubborn, persistent,
For a game nobody wins,
For the dance macabre that claims
Many daring lives.

ANSERMA CALDAS

El destino es justo para los que saben
cuándo comenzar y cuándo terminar.
Hacer una buena elección
entre varias cosas
que pueden resultar confusas
es la mejor de las opciones.
En tu caso te han llamado
para sustituir a alguien
que llegará tarde.
Realmente no te importa
si, una vez llegue ese alguien,
te dicen que te vayas.
Actos de interés que importan,
minutos preciosos que impiden
el aburrimiento que trae la espera.

ANSERMA CALDAS

Fate is fair to those who know
When to start or when to end.
To make one good choice
Over several others
That can cause much confusion
Is best of choices.
In your case, you are welcome
To substitute for someone
Who'll be coming late.
And you do not really mind
If, once that someone may come,
You'll be told to leave.
Minutes of concern matter,
Precious minutes that prevent
Ennui waiting brings.

DOMINGO AMIGO GONZÁLEZ

En la nueva providencia,
el Dios de todas nuestras gracias
afina su creación.

Sin nubes oscuras,
en santo esplendor,
el sol energiza el espíritu.

Y nosotros perseguimos una vida santa,
dedicada al Señor,
en verdad y justicia.

En la nueva providencia,
el Dios de todas nuestras gracias
ya renueva a todas las criaturas.

DOMINGO AMIGO GONZÁLEZ

In the new dispensation,
The God of all our graces
Tweaks his creation.

In the absence of dark clouds
The sun, in holy splendor,
Energizes the spirit.

We pursue a holy life,
Dedicated to the Lord,
In truth and justice.

In the new dispensation,
The God of all our graces
Renews all creatures.

JOSÉ RIZAL

Es precioso cada instante
pasado en la patria natal,
no tiene precio, llegado el tiempo:
Donde vivir es escuchar
el suspirar del viento
por la liberación;
donde la justicia con los ojos vendados,
sobornada por un sistema roto
se inclina ante fajos de billetes,
donde la indolencia endémica,
excusa ingeniosa del lugar de trabajo,
engorda la miseria;
donde damas piadosas,
programadas en miedos impíos,
adoran ídolos falsos;
donde la juventud, esperanza del futuro,
arrojando su suerte en bagatelas,
falla a su patria;
patria preciosa, pero muy triste
porque no puedes regresar
desde otro tiempo.

JOSÉ RIZAL

Precious is every moment
Spent in one's native homeland,
Priceless in due time:
Where to live is to listen
To the sighing in the wind
For deliverance;
Where its blindfolded justice,
Bribed by its broken system
Bows to wads of bills,
Where endemic indolence,
Smart excuse in workplaces,
Tightens misery;
Where ladies of piety,
Programmed by impious fears,
Worship false idols;
Where youth, hope of the future,
Throwing their lot on trifles,
Fail their fatherland:
Precious, yet so sad because
You cannot be summoned back
From another time.

LEONCIO P. DERIADA

Una vez enviaste la saga
de "Ramonina" a un taller de escritores.
Al leer el breve cuento,
que no era prosa ni poema,
quedamos hipnotizados.
Preparándose a saltar como perros de pelea,
el panel, aturdido y silencioso,
desafiado, mantuvo su paz.
Tus otros cuentos, nada menos
fascinantes y sorprendentes,
produjeron el mismo efecto.
Leerlos es volver
a tu Davao del Norte,
de hace mucho tiempo.

LEONCIO P. DERIADA

Once, in a writers workshop,
You submitted the saga
Of "Ramonina."
Upon reading the brief tale,
Which was neither prose nor poem,
We were mesmerized.
Gearing to pounce like bulldogs,
The panel, stunned and silent,
Defanged, held their peace.
Your other stories, no less
Mesmerizing and stunning,
Gave the same effect.
Reading them is going back
To your Davao del Norte,
Of long time ago.

EDMUNDO ROMERO FAROLÁN

Siempre estás tomando aviones,
noches y días, días y noches,
diferencias específicas
en la curvatura del espacio.
Tu viaje comienza desde tu habitación
y termina ahí mismo.
Te levantas por la mañana,
sentirse renovado, fuerte y completo,
listo para empezar
otra aventura
para romperte en el camino,
como un juguete infantil.
Debes entretenerte,
por lo tanto te detienes y compras
por tu cuenta y riesgo.
Decisiones, indecisiones
ocupan gran parte de tu tiempo—
un tiempo que no perdona
y que te trae de vuelta a tu habitación
para restaurar tu yo roto
y quedar completo de nuevo.

EDMUNDO ROMERO FAROLÁN

You are always catching planes,
Nights and days, days and nights,
Specific differences
In the curvature of space.
Your journey starts from your room
And ends up right there.
You wake up in the morning
Feeling renewed, strong and whole,
Ready to embark
On another adventure,
Getting broken on the way,
Like a childhood toy.
You must entertain yourself,
So you stop, and so you shop
At your own peril.
Decisions, indecisions
Occupy much of your time—
Unforgiving time
That brings you back to your room
To restore your broken self
And be whole again.

FEDERICO LICSI ESPINO JR.

En un éxtasis de angustia,
el genio encuentra su santo grial
escondido en el corazón.

La sabiduría de los siglos
mantenida en secreto por los antiguos,
está a buen resguardo,
mantenida a salvo de los malhechores,
guardada por los querubines,
en cuarentena de gracia.

Chorros de arrebatos celestiales
allanan el camino a los poemas de diamantes,
las gemas más finas de la mente.
Látigo grueso impulsado por truenos,
feroz, a la velocidad del rayo,
que acelera el nacimiento de los poemas.

FEDERICO LICSI ESPINO JR.

In a rapture of distress,
Genius finds the holy grail
Hidden in the heart.

The wisdom of the ages,
Kept secret by the ancients,
Is securely locked,
Kept safe from evildoers,
Guarded by the cherubim,
Quarantined by grace.

Spurts of celestial outbursts
Pave the way to diamond poems,
The mind's finest gems.
Thick whip powered by thunder,
Ferocious, with lightning speed,
Hastens the poem's birth.

RICAREDO DEMETILLO

Te vas de la casa de tu padre,
exiliado del paraíso,
hace muchos años.
Las dudas te asaltaban y la angustia
rasgó el núcleo de tu ser.
Miedo, que albergado a diario,
acechaba cada uno de tus movimientos
y te acosé mientras dormías
cual espantoso hombre lobo.
Cínico y contestatario
escribiste sonetos rebeldes
para cuestionar tu fe.
Ni aquí ni allá encontraste
al Dios que estabas buscando.
Luego decidiste
buscar a Dios a tu manera;
el Dios que no está confinado
en instituciones.
Y encontraste a Dios en tus prójimos,
todos hechos a su propia imagen
Y semejanza—y amor.

RICAREDO DEMETILLO

Your leaving your father's house
Was exile from paradise,
Many years ago.
Doubts assailed you, and anguish
Ripped the core of your being.
Fear, which you harbored
Daily, stalked your every move
And hounded you in your sleep
Like frightful werewolf.
Cynical and questioning
You wrote rebellious sonnets
To challenge your faith.
Nowhere did you find
The God you were looking for
So you decided
To seek God your own way;
The God who is not confined
In institutions.
You found God in your neighbors,
All made in his own image
And likeness—and love.

JOSÉ GARCÍA VILLA

Amor es la fuerza que ordena
el sol, la luna y las estrellas
para bailar de acuerdo,
a la asombrosa providencia
y a la sabiduría de Dios
para fielmente,
seguir lo que Dios manda.
Cuando nos amamos,
nos parecemos a Dios:
Dios mira hacia abajo sobre nosotros,
y ve en nosotros su imagen,
y semejanza, y nos llama fuera,
de la oscuridad hacia
su propia luz salvífica.
Dios llama a la humanidad
amar y ser amado.
Ahora y por siempre amor,
que triunfa sobre toda fuerza.
El más fuerte es el amor.

JOSÉ GARCÍA VILLA

Love is the force that ordains
The sun, the moon, and the stars
To move according
To God's awesome providence
And wisdom to faithfully
Follow God's command.
When we love one another,
We begin to look like God:
God looks down on us
And sees in us his image
And likeness and calls us out
Of darkness into
His own salvific light.
God's call to humanity
To love and be loved,
Now and forever, for love
Triumphs over all forces.
The strongest is love.

LUIS CABALQUINTO

Más allá de los bordes con sus extremos,
encuentra tu espacio para el compromiso.
En una oscura aldea
bajo el techo de paja de una choza
con suelo de bambú que aún huele a fresco,
encontrarás este lugar
en medio del campo.
Allá los grillos cantan todo el día
y las ranas croan de noche.
La presencia del volcán Mayón,
dicen que es el cono perfecto,
te da el coraje para estar solo,
lejos de la Manhattan dorada.
Las luciérnagas guían tus pasos.
La oscuridad cae, así que te pones en cuclillas
para cenar arroz y pescado,
para comer con las manos.
Cerca de la naturaleza, lejos de los hombres,
te sientes muy cerca de Dios.
Y empiezas a rezar.

LUIS CABALQUINTO

Beyond edges of extremes,
Find a space for compromise.
In obscure hamlet
Under the thatch of a hut
Whose bamboo floor still smells fresh,
You will find the place
In the middle of the field.
There, crickets chirp all day long
And frogs croak at night.
The presence of Mount Mayon,
Said to be the perfect cone,
Gives you the courage
To be alone by yourself,
Far from gilded Manhattan.
Fireflies guide your steps.
Darkness falls, so you squat down
For dinner of rice and fish
To eat with bare hands.
Near to nature, far from men,
You feel very close to God.
And you start praying.

ALBERTO S. FLORENTINO

Los protagonistas okupas
que humanizabas en tus obras
han salido de Manila.
Isko, él mismo un okupa
antes de pasarse al cine,
ahora es el alcalde.
Y ha reubicado a todos
lejos de la muerta
ciudad en decadencia.

Invocando el patriotismo,
tuvo éxito en su sueño
para salvar Manila,
de su extinción, pobre víctima
de políticos y de okupas
que usaban la pobreza
para sus corruptos propósitos,
como excusa para llevar a la ciudad,
a una muerte segura.
Ahora Manila está en auge.

ALBERTO S. FLORENTINO

The squatter protagonists
You humanized in your plays
Have left Manila.
Isko, himself a squatter
Before joining the movies,
Is now the Mayor.
He has relocated them all
Away from the once dying
City of decay.

Invoking patriotism,
He's succeeding in his dream
To save Manila
From extinction, poor victim
Of politicians and squatters
Who used poverty
For their corrupt purposes,
Rich excuse to lead the city,
To its certain death.
Now Manila is booming.

El río de Pasig ha ganado cinco estrellas,
y las Filipinas,
deshechas de los capos de la droga y de la basura,
es una vez más la brillante "Perla
de los Mares Orientales".

Pasig River gets five stars.
And the Philippines,
Rid of drug lords and garbage,
Is once more the shining "Pearl
Of the Orient Seas."

GUILLERMO GÓMEZ RIVERA

Eres un Don Quijote
campeón de hispanistas,
luchador contra leyendas negras
en el choque de las ideas
versus la atrevida ignorancia
y los prejuicios.
Puedes ser Sancho Panza,
de espíritu aventurero,
nunca burlado,
con el sentido común que sabiamente te legaron
tus antepasados chinos
del viejo Parian.
Don Quijote o Sancho
realmente no importa.
Tú encarnas ambos
el pensador y el hacedor
que se encuentran en cada hombre.

GUILLERMO RIVERA GÓMEZ

You are a Don Quijote,
Champion of hispanistas
Fighting black legends
In the clash of ideas
Versus daring ignorance
And prejudices.
You can be Sancho Panza,
Of adventurous spirit,
Never outsmarted,
Common sense wisely bequeathed
By your Chinese ancestors
From old Parian.
Don Quijote or Sancho,
It does not really matter.
You embody both
The thinker and the doer
Found in every man.

ROSA ELENA DÍAZ

El tiempo es un barbero eficiente,
su estilo siempre debe conformarse
al viento del cambio.
Darwin hizo de las Galápagos
portal de sus experimentos,
como el tiempo exigía,
antes de que los creacionistas
alunizaran humanos en la luna;
o pepinos de mar,
nadando hacia el mar del sur de China,
atrapados por los chefs mandarines
y estofados para sopa.
Todo evoluciona en el tiempo.
y el tiempo, siendo barbero,
tiene tijeras para recortar.

ROSA ELENA DÍAZ

Time's an efficient barber,
Its style must always conform
To the wind of change.
Darwin had made Galápagos
Portal of his experiments,
As time demanded,
Before the creationists
Landed humans on the moon;
Or sea cucumbers,
Swimming to South China Sea,
Got caught by mandarin chefs
And were braised for soup.
Everything evolves in time,
And time, being a barber,
Has scissors to trim.

ISAAC INSUNZA GONZÁLEZ

Fueron años maravillosos,
se buscaba la Virtud y la Ciencia
por parte de cada alumno.
"El hombre no es vida para sí mismo,
pero el alma es vida para el hombre;
el alma no es vida
para sí misma, pero Dios es vida
para el alma ". Esta cita
de san Agustín,
con el retrato del gran
pecador que se convirtió en un gran santo
siempre nos alegraba el día.
Como Rector fuiste la guía
para cada estudiante que intenta
encontrar su verdadero yo.
Los agustinos son pecadores
aún luchando por ser santos.
Solo Dios da descanso.
Convertiste una escuela soñolienta
en un centro de aprendizaje
de mucha distinción.

ISAAC INSUNZA GONZÁLEZ

Those were most wonderful years,
Virtue and Science were sought
By every student.
"Man is not life to himself,
But the soul is life to man;
The soul is not life
To itself, but God is life
To the soul." This quotation
From Saint Augustine,
With the portrait of the great
Sinner who became a great saint,
Always made our day.
As Rector, you were the guide
For every student trying
To find the real self.
Augustinians are sinners
Still struggling to become saints.
God alone gives rest.
You turned a once sleepy school
Into a learning center
Of much distinction.

MANUEL FERNÁNDEZ DÍEZ

El sol salía y brillaba
esa tarde en el zoológico.
Nos gustó lo que vimos.
La cálida brisa tropical calmó
cada porción de nuestra piel.
Fue increíble
ver la exhibición de los pavos reales
ante sus impresionables pavas,
sus brillantes plumas de cola.
Había garzas y loros,
sufriendo en fingido silencio
su cautiverio.
También vimos chimpancés
abrazándose fuertemente
traviesos, juguetones.
Evitamos a las cobras,
espantosas y venenosas
por nuestra propia seguridad.

MANUEL FERNÁNDEZ DÍEZ

The sun was up and shining
That afternoon at the zoo.
We liked what we saw.
The warm tropical breeze soothed
Every portion of our skin.
It was amazing
To watch the peacocks display
To impressionable peahens
Their bright tail feathers.
There were herons and parrots,
Suffering in feigned silence
Their captivity.
There were also chimpanzees
Hugging each other tightly,
Mischievous, playful.
We avoided the cobras,
Frightening and venomous,
For our own safety.

Encerrado en una jaula separada,
sin reino para proteger,
un león parecía aburrido.

De vuelta en nuestra comunidad,
al cenar con los frailes,
me acordé otra vez del zoológico.

Locked in a separate cage,
With no kingdom to protect,
A lion looked bored.

Back in our community,
When I dined with the friars,
The zoo came to mind.

RENÉ SAGUIN

Cenamos en tu casa
con tu familia unida.
Nos serviste lentejas,
sopa y luego arroz, salmón,
solomillo de ternera, flan de leche,
y humeante té verde.
Fue una tarde encantadora;
no teníamos prisa,
discutimos tus poemas.
Cuando te dije que tenía miedo
a volar y que, de hecho,
odiaba viajar,
escuchaste con empatía.
Y me dijiste que confiara completamente
en el cuidado amoroso de Dios.
Crees en Dios como nuestro piloto,
nuestro último refugio y protector.
Limpiamos el plato, por así decirlo.

RENÉ SAGUIN

We had dinner in your home
With your close-knit family.
You served us lentil soup
And then rice, salmon,
Tenderloin steak, custard,
And steaming green tea.
It was a lovely evening;
We were not in a hurry,
We discussed your poems.
When I told you I had fear
Of flying and that, in fact,
I loathed traveling,
You listened with empathy
And told me to fully trust
In God's loving care.
Being a pilot, you believe
In God as our last refuge
And our protector.
We cleaned the plate, so to speak.

Una semana después, eso dijiste,
volarías de nuevo.
Nuestra cena resultó ser
nuestro último momento juntos.
Una bandada de gaviotas
golpeó tu avión; la montaña abajo
se convirtió en bola de fuego.
Y luego te fuiste.

A week later, thus you said,
You would fly again.
Our dinner turned out to be
Our last, together. A flock of seagulls
Struck your plane; the mountain down
Below turned into a ball of fire.
And then you were gone.

CARMEN BARNE CASO

El mejor regalo de la vida es la vida.
Salvar vidas es hermoso,
esplendor de orden
para los que aman y sabiamente
aprenden que la paz y la prosperidad
abundarán en la tierra
cuando con la mayor diligencia
el amor defienda y honre la vida,
nacida y no nacida.
Dios te ha dado la habilidad
y la determinación
y amor para salvar la vida.
Dios te ha dado voluntad,
como su humilde instrumento,
por sanar y salvar vidas.
Si bien no podemos comprender la mente de Dios,
y sus caminos pueden parecer tan extraños,
bendito sea Dios para toda la vida.

CARMEN BARNE CASO

The best gift in life is life.
Saving life is beautiful,
Splendor of order
For those who love and wisely
Learn that peace and prosperity
Will abound on Earth
When with utmost vigilance
Love defends and honors life,
Both born and unborn.
God has given you the skill
And the determination
And love to save life.
God has given you the will,
As his humble instrument,
To heal and save lives.
While we can't fathom God's mind,
As his ways may seem so strange,
Blessed be God for life.

MÓNICA BELERDA RODRÍGUEZ

En León, durante el otoño,
las hojas no caen de los pinos;
algunas se vuelven doradas
pero aún se aferran firmemente,
dejando limpio al hermoso León
impecable con su corona.

León es como una madre
paciente que contiene las lágrimas,
incluso mientras llora.
Se guarda valientemente para sí misma
los dolores que debe soportar
y minimiza en el amor.

León es como un padre
organizador y competente,
atareado como una abeja.

Y los hijos de León,
son como sus pinos;
de hoja perenne, dorada.

MÓNICA BELERDA RODRÍGUEZ

In León, during autumn,
Leaves don't fall from evergreen
Pines; some turn golden,
But then they firmly hold on,
Leaving beautiful León clean
And spotless as crown.

León is like a mother,
Patient and holding back tears,
Even as she grieves.
She bravely keeps to herself
The pains she must have to bear,
Minimized by love.

León is like a father,
Competent organizer.
Busy as a bee.

And the children of León
Are like its perennial pines;
Evergreen, golden.

SAN JUAN DE SAHAGÚN

La Virtud y la Ciencia residen
en lo infantil, en lo puro del corazón,
como la gracia deslumbrante se desliza
en un lago navegado por cisnes,
impresionante a la vista,
lejos de los ruidosos, y traviesos gansos.

Hijo de un clan privilegiado
se hizo agustino
para ser pobre como Cristo.
Tenía el don de discernir
las debilidades del corazón humano.

Él predicó el arrepentimiento.
Los que se resistieron a su llamada
cometieron los peores
y más amontonados abusos.

Él permaneció sin arder.
Su celo por reformar a los pecadores
y traerlos de vuelta a Dios
santificó su vida.

SAINT JOHN OF SAHAGÚN

Virtue and Science reside
In the child-like, pure of heart
As dazzling grace glides
On lake frequented by swans,
Far from noisy, rowdy geese,
Stunning to the sight.

Born of a privileged clan
He became Augustinian
To be poor like Christ.
He had the gift to discern
The foibles of human heart.

He preached repentance.
Those who resisted his call
Did their worst and heaped abuse.

He remained uncowed.
His zeal to reform sinners
And to bring them back to God
Sanctified his life.

DOMINGO NATAL ÁLVAREZ

Difundir la palabra de Dios es predicar
el Evangelio a toda la tierra,
algo quijotesco
como lo hizo el gran
Fray Gerundio de Campazas. Hoy,
necesitamos buenos predicadores,
no payasos disfrazados que hablan mal
como un papagayo vanidoso,
enamorado de su voz,
redundante, irrelevante,
predicando al viento,
del desierto.

Necesitamos predicadores que proclamen
la palabra no adulterada de Cristo,
eso nos lleva a Dios.

Necesitamos predicadores cuyo estilo de vida
refleje la doctrina de Cristo.
y el amor de Dios por nosotros.

DOMINGO NATAL ÁLVAREZ

To spread God's word is to preach
The gospel to all the Earth,
Something quixotic
As the great Fray Gerundio
De Campazas did. Today,
We need good preachers,
Not costumed clowns who misspeak
Like a vain *papagayo*,
In love with its voice,
Redundant, irrelevant,
Preaching in the wilderness,
To the desert wind.

We need preachers who proclaim
Christ's unadulterated word
That brings us to God.

We need preachers whose lifestyle
Mirrors the doctrine of Christ
And God's love for us.

ANTONIO VACA FERNÁNDEZ

Lo que me olvidé decirte
cuando nos conocimos en Becerril,
debería decírtelo ahora.
Cuando sientes que las cosas mejoran,
las cosas nunca pueden empeorar.

La vida es percepción.
La vida es carreteras y caminos,
graffiti ilegible
de conceptos erróneos.
La vida, día tras día,
es una montaña rusa
en un carnaval,
acosado por ventrílocuos,
y los pequeños payasos obtienen su recompensa,
a los músicos callejeros les pagan.

Entonces, en lugar de lo agrio,
que sólo te lleva a ninguna parte,
en oleaje con la gran multitud,
sin perder tu humor,
fluyes suavemente con la corriente,
y bebes tu limonada.

ANTONIO VACA FERNÁNDEZ

What I forgot to tell you,
When we met in Becerril,
I should tell you now.
When you feel things get better,
Then things can never get worse.

Life is perception.
Life is highways and byways,
Illegible graffiti
Of misconceptions.
Life, the livelong day,
Is a roller-coaster ride
In a carnival,
Hounded by ventriloquists,
Petty clowns are rewarded
Mean buskers get paid.

So instead of sour-graping,
Which only leads you nowhere,
Swell with the huge crowd.
Without losing your humor,
Gently flow with the current,
Drink your lemonade.

JANET FRANCES WHITE

Tú resides en Long Island
pero fuimos a Broadway
para ver una buena obra de teatro.
El invierno en Nueva York es duro,
pero estando en Manhattan,
hablamos de artes.
Mi hermano Pierce estaba con nosotros,
y abordó la idea
de publicar libros.
Sonreíste con aprobación,
muy parecida a Joanne Woodward
cuando ella era más joven.
Vosotros sugerísteis
tener todos mis libros impresos
en los Estados Unidos.
Tú y Pierce os ofrecísteis voluntarios
para gestionar su producción,
y cerramos el trato.

JANET FRANCES WHITE

You reside on Long Island
But we went to Broadway
To watch a good play.
Winter in New York is harsh,
But being in Manhattan,
We talked about arts.
My brother Pierce was with us,
And he broached the idea
Of publishing books.
And you smiled approvingly,
A lookalike of Joanne Woodward
When she was younger.
Then both of you suggested
To have all my books printed
In the USA.
You and Pierce volunteered
To manage the production,
And we sealed the deal.

CARLOS SALCEDO

Ya sea bueno o malo,
el tiempo no puede esperar a nadie.
Ido una vez ha llegado,
el tiempo nunca puede ser contenido,
el tiempo nunca puede ser confinado,
el tiempo aborrece el espacio.

Invisible y por lo tanto
indivisible, el tiempo es
quimera de la humanidad,
parte de la obsesión humana
para capturar como trofeo
lo que escapa a la mente.

Sin reloj de pared, sin reloj de mano,
ningún reloj de arena puede medir el tiempo.
El tiempo es relativo.
Presiones de tiempo y límites de tiempo,
zonas horarias, líneas de demarcación
están todas en la mente.

CARLOS SALCEDO

Whether it is good or bad,
Time can't wait for anyone.
Gone once it arrives,
Time can never be contained,
Time can never be confined,
Time abhors space.

Invisible and therefore
Indivisible, time is
Mankind's chimera,
Part of human obsession
To capture as a trophy
What eludes the mind.

No grandfather's clock, no watch,
No hour glass can measure time.
Time is relative.
Time pressures and time limits,
Time zones, demarcation lines
Are all in the mind.

RAÚL BÉCARES PELÁEZ

Nacidos como exiliados aquí en la tierra,
aprendemos a valernos por nosotros mismos.
Debemos estar solos
cuando fuera del deber sagrado
caminamos nuestro propio calvario,
llevando nuestra propia cruz,
como Cristo hizo para satisfacer
la voluntad de Dios el Otro.
No somos nuestros.
Hemos sido rescatados por Cristo,
redimido por su preciosa sangre,
para cumplir el plan de Dios.
Los que quieren seguir a Cristo
para predicar el evangelio del amor
nunca deben olvidar
que el Dios que adoramos
el Hijo enviado para redimirnos,
realmente murió por nosotros.

RAÚL BÉCARES PELÁEZ

Born as exiles here on Earth,
We learn to fend for ourselves.
We must be alone
When out of holy duty
We walk our own calvary,
Carrying our own cross,
As Christ did to satisfy
The will of God the father.
We are not our own.
We have been ransomed by Christ,
Redeemed by his precious blood,
To fulfill God's plan.
Those who want to follow Christ
To preach the gospel of love
Must never forget
That the God that we adore,
The Son sent to redeem us,
Really died for us.

MARCELINO ESTEBAN BENITO

San Esteban, el protomártir,
en su supremo acto de amor,
rezó por la misma mafia
que lo apedreó ferozmente hasta la muerte.
Con su último respiro por Cristo,
él oró por todos ellos,
y así da el ejemplo
para que todos los cristianos sigan
siendo indulgentes
y miremos los eventos
desde una perspectiva cristiana
en todos sus ángulos.
Cuando estamos siendo calumniados
por malhechores desencandenados,
volvámonos a Dios
como lo hizo el protomártir
y, siguiendo a Cristo, perdonémoslos,
por su ignorancia.

MARCELINO ESTEBAN BENITO

Stephen the protomartyr,
In his supreme act of love,
Prayed for the same mob
That fiercely stoned him to death.
As he breathed his last for Christ,
He prayed for them all,
And thus set the example
For all Christians to follow
To be forgiving
And to look at the events
From a Christian perspective
In every angle.
When we are being slandered
By triggered evildoers,
Let us turn to God
As the protomartyr did
And, following Christ, forgive them,
For their ignorance.

PEDRO CABRILLOS

Hiciste ejercicios de respiración
antes de cantar viejas canciones
como "Sur de la frontera".
Tus alumnos cantamos contigo
la favorita de todos,
la quejosa "Old Black Joe".
Mientras paseábamos los carriles de la memoria,
la hora del cuento nos mantuvo despiertos,
como tu encuentro
con negritos filipinos
quienes te sirvieron para un almuerzo rápido
moscas empapadas en vinagre.
Usaste tu sentido del humor
y sentido común, a la empuñadura.
Nos divertimos aprendiendo.

Ahora estás "ido de la tierra
a una tierra mejor que conozco".

Todavía escucho tu voz.

PEDRO CABRILLOS

You did breathing exercise
Before singing old ditties
Like "South of the Border."
We, your pupils, sang with you
Everybody's favorite,
Plaintive "Old Black Joe."
As we strolled down memory lane,
Story time kept us awake,
Like your encounter
With Philippine Negritoes
Who served you for your quick lunch
Vinegar-soaked flies.
You used your sense of humor
And common sense to the hilt.
We had fun learning.

You are now "gone from the Earth
To a better land I know."

Still I hear your voice.

MODESTO P. SA-ONOY

"La calidad de la misericordia"
y "esplendor en la hierba"
hacen eco en mis oídos,
y los archivos de la memoria
me traen de vuelta a tu salón de clase
tras la lección de la tarde
que impartías en inglés.
Eras entonces mi profesor
y mi editor.
Nuestra publicación universitaria
llevaba mis poemas y ficción.
Dijiste que te gustaban.
Tuviste que renunciar a tu publicación
al obtener tu maestría.
Quisiste recomendarme
como tu sucesor.
Pensé que había encontrado un aliado,
la persona adecuada con la que poder hablar
sobre mis problemas.

MODESTO P. SA-ONOY

"The quality of mercy"
And "splendor in the grass"
Echo in my ears,
And the archives of memory
Bring me back to your classroom
After evening class
In English which you handled.
You were then my professor
And my editor.
Our college publication
Carried my poems and fiction.
You said you liked them.
You had to give up your post
Upon getting your MA
You wanted to recommend me
As your successor.
I thought I found an ally,
The right person I could talk to
About my problems.

Te hablé de mi deseo
de convertirme en un religioso.
Yo estaba determinado
a perseguir mi vocación
a pesar del nulo consentimiento
y apoyo parental.
Tú dijiste: "Adelante, Él te dará
su apoyo. Dios te bendiga."
Seguí adelante.

I told you of my desire
To become a religious.
I was determined
To pursue my vocation
Despite zero parental
Consent and support.
You said: "Go ahead. God will
Give you his support. God bless."
So I went ahead.

ALBERTO M. ALFARO

Como periodista de primer nivel,
y editor respetado,
posees el don
de descubrir jóvenes talentos.
Les prestaste tu gran apoyo,
publicaste sus trabajos.
Durante la temporada de vacaciones,
tus certificados de regalo
calentaron y animaron su corazón.
De nuestra galaxia oculta
agitaste mi talento latente
para que el mundo lo comparta.
Enviaste a los mejores fotógrafos
para mi primera contribución,
tu historia de portada.
Eso fue hace algún tiempo;
desde luego, he recorrido un largo camino.
Estoy agradecido. Gracias.

ALBERTO M. ALFARO

As a topnotch journalist,
And respected editor,
You possessed the gift
To discover young talents:
You lent them your vast support;
You published their works.
During holiday season,
Gift certificates from you
Warmed and cheered their hearts.
From our hidden galaxette
You stirred my dormant talent
For the world to share.
You sent best photographers
For my first contribution,
Your cover story.
That was a lifetime ago;
Since then, I've gone a long way.
I'm grateful. Thank you.

ISAÍAS ÁLVAREZ CASTRO

Imagen y semejanza de Dios,
tu rostro, benigno y comprensivo,
refleja el amor divino.
Voluntaria y alegremente,
sirves por el amor de Dios.
Tu vida es una homilía.

A quienes sirves, que inspirados por ti,
trabajan más duro, más fuertes en la fe,
por su salvación.
Te ven vivir lo que predicas,
sacerdocio de fe, esperanza y amor.
En ti ven a Dios.

ISAÍAS ÁLVAREZ CASTRO

Image and likeness of God,
Your face, benign and understanding,
Reflects divine love.
Willingly and joyfully,
You serve for the love of God.
Your life's a sermon.

Those you serve, inspired by you,
Work harder, stronger in faith.
For their salvation.
They see you live what you preach:
Priesthood of faith, hope, and love.
In you, they see God.

MACHÚS SALAMERO AGUIRRE

No, nunca olvidaré
esos ágapes en Barrika
con tu feliz clan
pegado y unido como las abejas
en el panal del amor,
construido sobre robles robustos,
visiones fijadas para el mañana
guiadas por la alegría y el coraje,
la vida transformada en arte.
Pureza de mente y corazón
acuarelas en tu lienzo
de inestimable naturaleza muerta.
Pintas y el mundo se vuelve
un campo de juegos de ángeles
que nos vigilan.
Mientras tus pinturas viven, hablan
del amor abrumador de Dios
y de su perdón.
No hay duda de que sobre ti
mientras vuelas, una paloma impecable,
Dios mira hacia abajo con amor.

MACHÚS SALAMERO AGUIRRE

No, I will never forget
Those Barrika agapes
With your happy clan,
Glued and bonded like the bees
In the honeycomb of love
Built on sturdy oaks,
Visions fixed for tomorrow,
Guided by joy and courage,
Life transformed to art.
Purity of mind and heart,
Watercolors your canvas
Of priceless still life.
You paint, and the world becomes
A playing field of angels
That watch over us.
As your paintings live, they speak
Of God's overwhelming love
And his forgiveness.
There is no doubt that on you,
As you fly, one spotless dove,
God looks down with love.

RICARDO PANIAGUA MIGUEL

Camarada, ¿te acuerdas
cuando fuimos jóvenes y sin miedo?
La vida era más intensa.
En que trabajamos para las masas,
tomamos sus causas como propias:
nos olvidamos de nosotros mismos.
Subimos al Casiciaco
y nos burlamos del sistema podrido:
nos olvidamos de nosotros mismos.
No tuvimos tiempo para el placer
y pusimos la otra mejilla cuando nos abofetearon:
nos olvidamos de nosotros mismos.
No hubo tiempo para la risa tampoco—
lloramos por el paso del tiempo
nos olvidamos de nosotros mismos.
Ahora mayores y mucho más sabios,
tenemos todo el tiempo para nosotros:
la vida es más intensa.

RICARDO PANIAGUA MIGUEL

Comrade, do you remember
When we were young, unafraid?
Life was more intense.
We labored for the masses,
Took their causes as our own:
We forgot ourselves.
We climbed the Cassiciacum
And mocked the rotten system:
We forgot ourselves.
We had no time for pleasure,
Turned the other cheek when slapped:
We forgot ourselves.
No time for laughter either—
We mourned for the passing time:
We forgot ourselves.
Now older and much wiser,
We've got all the time for ourselves:
Life is more intense.

GONZALO MODINO RODRÍGUEZ

Hace años, en tu mejor momento,
el Señor te marcó como suyo,
solo para sí mismo.
Él acortó tus días y alargó
tus años, te hizo participar
de sus sufrimientos.

Por la noche contabas las estrellas,
viste visiones y soñaste sueños.
Despiertas mientras duermes,
has hecho de la vida lo que es,
aunque no es lo que crees que debería ser,
vivo, debes vivir.

Los días, semanas, meses, años,
el tiempo asignado para ti
para buscar refugio completo
en la doctrina de la cruz
que con fe, amor y paciencia
te lleva cerca de Dios.

GONZALO MODINO RODRÍGUEZ

Ages ago, in your prime,
The Lord marked you as his own,
Only for himself.
He cut your days and lengthened
Your years, made you partake
Of his sufferings.

At night you counted the stars,
You saw visions and dreamed dreams.
Awake while you sleep,
You have made life what it is,
Not what you think it should be,
Alive, you must live.

The days, weeks, months, and the years,
The time allotted for you
To seek full refuge
In the doctrine of the cross
That with faith, love, and patience
Brings you close to God.

www.ingramcontent.com/pod-product-compliance
Lightning Source LLC
LaVergne TN
LVHW091141080826
845145LV00008B/2219

* 9 7 8 1 7 3 2 7 8 1 5 6 6 *